Klaus Fisch

Selbst Wintergärten und Glashäuser bauen

Compact Verlag

© 2001 Compact Verlag München
Nachdruck, auch auszugsweise,
nur mit ausdrücklicher Genehmigung
des Verlags gestattet.
Alle Anleitungen wurden sorgfältig
erprobt – eine Haftung kann
dennoch nicht übernommen werden.
Redaktion und Herstellung: Anne Kaspar, Imke Meyerdierks
Produktionsleitung: Uwe Eckhard
Umschlaggestaltung: Ingeborg Blaschitz
Umschlagfoto: Interpane, Lauenförde (große Abb.),
Garpa, Escheburg (kl. Abb.)
Druck: Color-Offset GmbH, München
ISBN 3-8174-2269-5
2222699

Besuchen Sie uns im Internet:
www.compactverlag.de

Ein Wort zuvor

Selbermachen – ein Hobby, das heute für Millionen zur sinnvollen Freizeitbeschäftigung geworden ist. Ob es sich nun um die gemietete Altbauwohnung oder um die eigenen vier Wände handelt, mit etwas Geschick und einer fachmännischen Anleitung lassen sich oft verblüffende Ergebnisse erzielen: bei kleineren Reparaturen, beim Renovieren und Verschönern und beim Um- und Ausbauen.

Und Selbermachen bringt Spaß und Freude an der eigenen Arbeit, deren Ergebnis man Tag für Tag sehen und »bewundern« kann; es spart Geld, mit dem sich langgehegte Wünsche erfüllen lassen, und es macht unabhängig von Handwerkern, auf die man womöglich wochenlang und schließlich vergeblich gewartet hat.

Fachgeschäfte, Heimwerker- und Baumärkte versorgen den Hobby-Handwerker mit allen Werkzeugen und Materialien, die er braucht. Doch richtiges Werkzeug und Begeisterung allein reichen nicht aus. Unerläßlich sind eine gründliche Vorbereitung und Fachkenntnisse, wie eine Arbeit durchzuführen und was dabei zu beachten ist.

COMPACT PRAXIS **Selbst Wintergärten und Glashäuser bauen** zeigt, wie man's macht. Mit wertvollen Tips und Tricks, die sich in der Praxis tausendfach bewährt haben. Jeder Arbeitsgang wird ausführlich Schritt für Schritt gezeigt und in Bild und Text erläutert. Übersichtliche Symbole zeigen auf einen Blick, mit welchem Schwierigkeitsgrad, welchem Kraft- und Zeitaufwand Sie bei jedem Arbeitsgang rechnen müssen, welche Werkzeuge Sie brauchen und wieviel Geld Sie durch Ihre eigene Arbeit einsparen können.

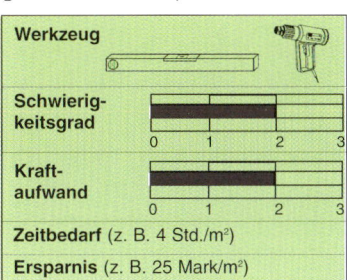

Werkzeug			
Schwierig-keitsgrad			
	0	1	2	3
Kraft-aufwand			
	0	1	2	3
Zeitbedarf (z. B. 4 Std./m²)			
Ersparnis (z. B. 25 Mark/m²)			

Und so stufen Sie sich richtig ein:

Schwierigkeitsgrad 1 – Arbeiten, die auch der Ungeübte ausführen kann. Es ist nur geringes handwerkliches Geschick erforderlich.

Schwierigkeitsgrad 2 – Arbeiten, die einige Übung im Umgang mit Werkzeug und Material erfordern. Es ist handwerklich durchschnittliches Geschick notwendig.

Schwierigkeitsgrad 3 – Arbeiten, die fachmännische Übung erfordern. Überdurchschnittliches Geschick ist erforderlich.

Kraftaufwand 1 – Leichte Arbeit, die jeder bequem erledigen kann.

Kraftaufwand 2 – Arbeiten, die eine gewisse körperliche Kraft voraussetzen.

Kraftaufwand 3 – Arbeiten für kräftige Heimwerker, die keine »Knochenarbeit« scheuen.

Inhaltsverzeichnis

Auf einen Blick

Fachkunde

Materialkunde

Inhaltsverzeichnis

Baurechtliches

Ob Sie einen Wintergarten zu Wohnzwecken erstellen, einen Balkon verglasen oder nur ein einfaches Gewächshaus aufbauen, in den meisten Fällen ist der Gang zu den für die Genehmigung zuständigen Behörden oder zumindest die Einhaltung grundsätzlicher Vorschriften notwendig.

Bevor Sie also in die konkrete Planung eintreten, sollten Sie sich die entsprechenden Informationen besorgen. Detaillierte Auskunft zu den gesetzlichen Grundlagen wie Grenzabstände, maximale Baukörperabmessungen, vorgeschriebene Baumaterialien erhalten Sie bei den lokalen **Baubehörden**.

Bei Baumaßnahmen in landkreiszugehörigen Gemeinden sind dies die Landratsämter. Kreisfreie Städte haben eigene Behörden, wie z. B. die Lokalbaukommission.

Vergessen Sie bei Ihrem ersten Gang zu den Behörden nicht, einen **aktuellen Lageplan** Ihres Grundstücks mit dem eingezeichneten Grundriß der vorhandenen Bebauung mitzunehmen. Dadurch erleichtern Sie dem Sachbearbeiter die Arbeit; er kann sich ein Bild der örtlichen Gegebenheiten machen.

Selbstverständlich können Sie auch selbst die gesetzlichen Grundlagen im Bundesbaugesetz oder der entsprechenden Landesbauordnung nachlesen.

Gesetzestexte sind allerdings für den Laien manchmal nur schwer verständlich und werden nicht immer richtig interpretiert. Vor allem sollten sie immer auch in einer kommentierten Fassung vorliegen, um einigermaßen einsichtig zu sein.

Da im Rahmen der kommunalen Selbstverwaltung Gemeinden

Wintergarten in Holz

auch über die oben genannten Gesetze hinaus, z. B. in speziellen Ortssatzungen, individuelle Einzelvorschriften erlassen können, ist der Gang zur Gemeindeverwaltung ratsam.

Abschließend kann es nicht schaden, mit den **Nachbarn** schon einmal ein informatives Vorgespräch zu führen. Dies ist besonders dann geboten, wenn eventuell die nachbarliche Zustimmung notwenig wird, um unter bestimmten Voraussetzungen eine Ausnahmeregelung für den geplanten Neubau durch die Genehmigungsbehörde zu erhalten.

Bei **Eigentumswohnungen** ist darüber hinaus meist auch die Zustimmung der Eigentümerversammlung notwendig.

In **gemieteten Wohnungen** und Häusern müssen Sie das Einverständnis des Eigentümers oder der Hausverwaltung einholen.

Die **Planungsunterlagen** bei den Baubehörden müssen im allgemeinen von einem berechtigten Entwurfsverfasser – z. B. Architekt, Planzeichner, Bauunternehmer – unterzeichnet sein.

Falls Sie sich für einen **Bausatz** entscheiden, sollten Sie sich bei der Lieferfirma nach entsprechenden Unterlagen erkundigen. Manche Firmen stellen ohne zusätzliche Kostenerhebung die entsprechenden Unterlagen zur Verfügung, die alle Angaben zum baurechtlichen Antragsverfahren enthalten.

Wohnlicher Wintergarten

Planungsgrundlagen

Wohn-Wintergarten – hell und großzügig geplant

Sind alle genehmigungsrechtlich relevanten Voraussetzungen bekannt, können Sie mit der individuellen Planung beginnen. Zuerst sollten Sie jedoch grundsätzliche Überlegungen zu ihrem Bauvorhaben anstellen. Im Mittelpunkt muß dabei die klare Entscheidung über die spätere Nutzung stehen, um den passenden Standort wählen zu können.

Ein Glasbau, der als reines **Pflanzengewächshaus** vorgesehen ist, muß einen höheren Lichteinfall gewährleisten. Bei der Standortwahl sollten Sie deshalb darauf achten, daß weder Gebäude- noch Baumschatten die Sonneneinstrahlung beeinträchtigen.

Bedenken Sie außerdem, daß in einem Gewächshaus höhere Temperatur und größere Luftfeuchtigkeit zur Förderung des Pflanzenwachstums durchaus erwünscht sind.

Ausreichende Lüftung und Möglichkeiten der Beschattung spielen dagegen in einem zu **Wohnzwecken** genutzten Glashaus für ein behagliches Wohnraumklima eine wichtige Rolle.

Durch eine gutdurchdachte und gezielte Planung ermöglicht ein Wintergarten eine Pufferzone zwischen Innen- und Außenbereichen des eigentlichen Wohngebäudes. In den kühleren Zeiten können Sie den Wärmeverlust über Hauswand und Fensterbereich reduzieren und somit eine deutliche Senkung des Heizbedarfs erreichen.

Diesen Effekt können Sie noch verstärken, wenn Sie Ihren Wintergarten so in das Wohngebäude integrieren, daß er ein Teil des Wohnbereichs wird und bei Sonneneinstrahlung gleichsam als Warmluftheizung dient.

Voraussetzung für diese Art der energetischen Nutzung ist natürlich, daß die Verglasungsflächen in speziellem Wärmeschutzglas ausgeführt werden. Sonst kann es passieren, daß der zusätzliche Anteil der kostenlosen und umweltfreundlichen Solarwärmegewinnung bei fehlender Sonneneinstrahlung, also besonders nachts, verloren geht.

Rollos oder Fensterläden leisten ebenfalls einen weiteren Beitrag gegen Wärmeverlust.

Standort und Bauformen

Wenn Sie den Standort Ihres Wintergartens frei wählen können, so sollten Sie die von Ihnen beabsichtigte **Himmelsrichtung** mit berücksichtigen.

Die bevorzugte Himmelsrichtung für den Glasbau ist die **Südseite**, da hier die Sonneneinstrahlung das ganze Jahr über am intensivsten ist, so daß die Beheizung mittels Sonnenenergie gesichert wird. Für die Sommernutzung sind allerdings umfassende Be-schattungs- und Lüftungseinrichtungen notwendig, um ein angenehmes Wohnklima zu erreichen. Die **Ostseite** bietet angenehme Wärme bereits zum Frühstück und ist auch als Arbeitsplatz geeignet, da die heiße Nachmittagssonne nicht in den Raum scheint. Die **Westseite** ist sehr heiß im Sommer, da die tagsüber erwärmte Luft bis spätabends weiter aufgeheizt wird. Im Winter dagegen steht die Sonne meist schon zu tief,

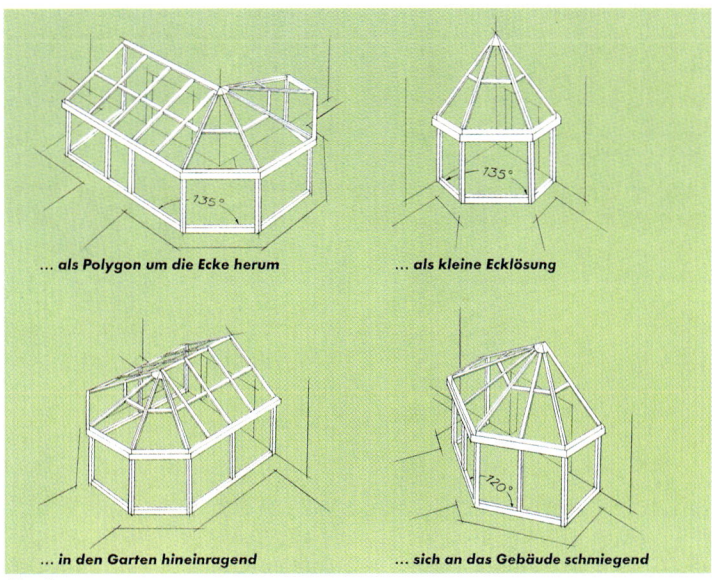

... als Polygon um die Ecke herum

... als kleine Ecklösung

... in den Garten hineinragend

... sich an das Gebäude schmiegend

Bauformen

um noch eine wärmende Kraft zu bilden. Diese Lage ist also ideal für die Nutzung in den Übergangszeiten. Die **Nordseite** ist der optimale Arbeitsplatz, mit viel Licht, aber kaum blendender Sonne. Ein Anbau an der Nordseite schützt das Haus vor Auskühlung, denn der Wärmeverlust über Wand- und Fensterflächen ist an dieser Seite besonders hoch. Ein Wintergarten als Klimapuffer hilft so, Heizkosten zu sparen.

Darüber hinaus spielen aber auch noch weitere Erwägungen eine Rolle bei der **Standortwahl**. So sollten Sie z. B. beachten, daß eventuell notwendige Zuleitungen wie Wasser oder Strom möglichst kurz gehalten werden und ohne zu großen Aufwand zu bewerkstelligen sind. Der Anschluß ans Wohnhaus erweist sich hier als vorteilhaft, besonders wenn eine Beheizung des Wintergartens über das Heizsystem des Hauses erfolgen soll.

Häufig kann ein günstig positioniertes **Gewächshaus** aber auch als Sicht- oder Windschutz für einen Sitzplatz im Garten oder auf der Terrasse genutzt werden.

Sie sollten dabei nicht vergessen, daß der Eingang auch für Schubkarren gut erreichbar sein muß, um notwendige Erd-, Dünge- und Pflanzarbeiten ohne allzu große Umstände ausführen zu können.

Bezüglich der **Bauform** sollten Sie auf eine harmonische Anpassung an den vorhandenen Baukörper achten. Sie können z. B. die **Dachform** des Hauses auch für das Dach des Wintergartens übernehmen.

Ein **Satteldach** bietet den Vorteil der großen Firsthöhe und somit die Möglichkeit, auch größere Pflanzen aufzunehmen.

Meistens werden allerdings Wintergärten mit **Pultdach** gebaut, die sich entweder über die ganze Hauslänge erstrecken oder nur einen Teil davon beanspruchen.

Optisch ideal ist es, wenn Wintergarten und Hausdach die gleiche Neigung besitzen und beide Bauwerke praktisch ineinander übergehen. An der Stirnwand wirkt ein Pultdachbau meist weniger harmonisch, da er sich der vorgegebenen Architektur

des Hauses nicht unterordnet. Oft aber ist bei preiswerten Bauausführungen der Anbau kaum anders zu lösen.

Wintergärten müssen keineswegs immer nur an das Gebäude angesetzt werden. Neue Möglichkeiten der Gestaltung ergeben sich, wenn das Glashaus in vorhandene Bauten integriert werden kann, z. B. in die Innendecke eines Winkelhauses. Durch diesen neuen Baukörper können sogar mehrere Zimmer miteinander verbunden werden.

Sie können auch Glasbauten zur wettergeschützten Verbindung zweier getrennter Baukörper einfügen. Eine weitere Möglichkeit stellen sogenannte **Lichtdächer** dar, bei denen der Dachanteil des Wintergartens so angelegt ist, daß er einen Teil des üblicherweise mit Ziegeln eingedeckten Hausdaches ersetzt.
Häufig genutzte Standorte sind auch die Betondächer von Garagen oder Hochterrassen, so daß der Wintergartenanbau auf der Höhe der ersten Etage liegt. Die Skizzen zeigen verschiedene Bauformen für Ihren Wintergarten.

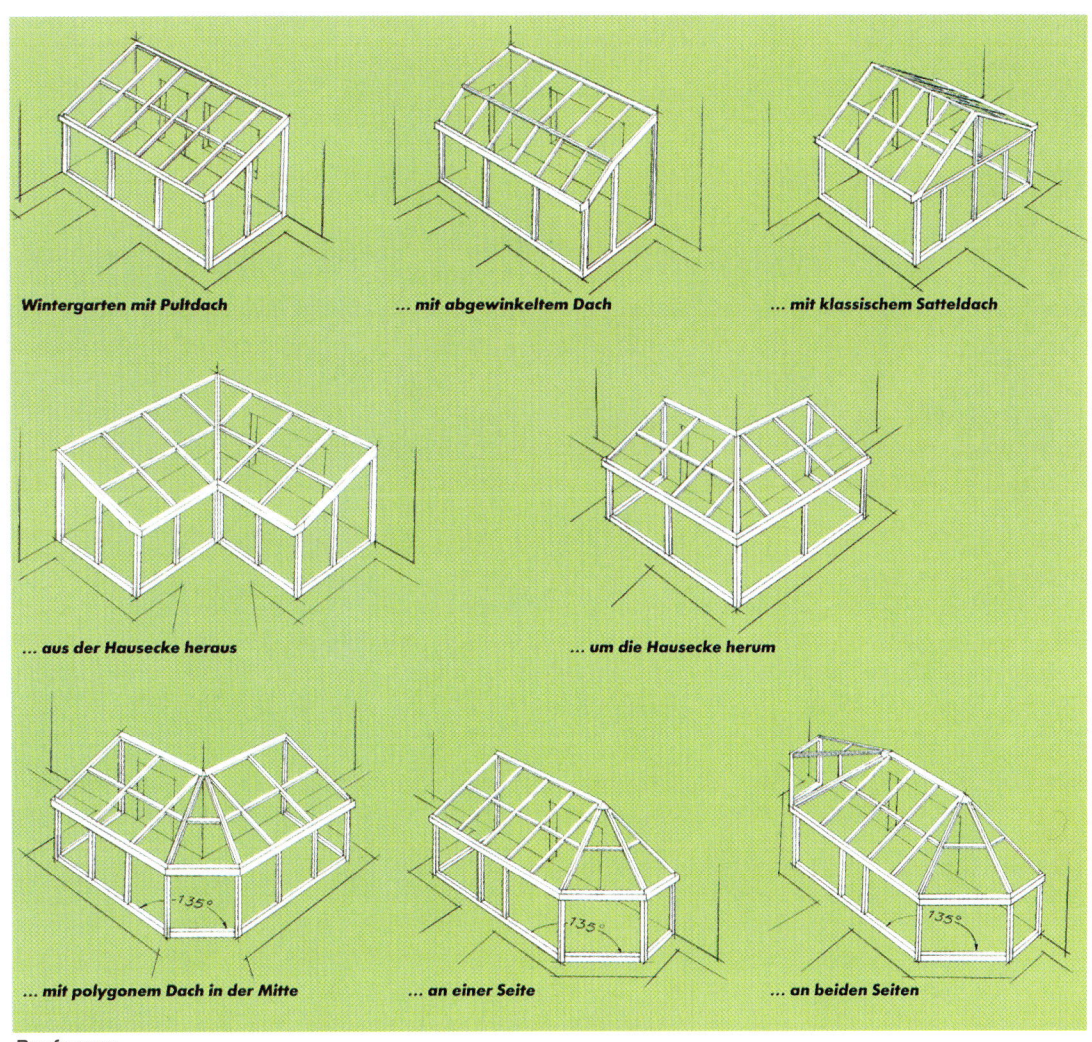

Wintergarten mit Pultdach

... mit abgewinkeltem Dach

... mit klassischem Satteldach

... aus der Hausecke heraus

... um die Hausecke herum

... mit polygonem Dach in der Mitte

... an einer Seite

... an beiden Seiten

Bauformen

Heizsysteme

Wintergarten – an das Heizsystem des Hauses angeschlossen

Vollständig wärmeisolierte Wintergärten, die zu Wohnzwecken genutzt werden, benötigen üblicherweise keine eigene Heizversorgung; sie werden an das bestehende Heizsystem des Hauses angeschlossen.

Ideal ist es natürlich, wenn auch das Gewächshaus für die Pflanzenaufzucht durch die bestehende Heizanlage mitversorgt werden kann. Wo der Anschluß wegen unverhältnismäßig großem Aufwand nicht zu realisieren ist, werden eigene Heizsysteme benötigt.

Der Fachhandel bietet diese in unterschiedlichsten Größen und für verschiedene Energieträger an. Die Entscheidung für ein bestimmtes System hängt letztlich von der geplanten Nutzung ab. So ist die ganzjährige Beheizung mit Elektroenergie, besonders wenn es sich lediglich um einfache Warmluftradiatoren handelt, meist viel zu kostenintensiv.

Andererseits lohnt es sich natürlich auch nicht, die hohen Kosten für eine vollautomatisch klimagesteuerte Warmwasserbo-

denheizung zu investieren, wenn das Gewächshaus nicht auch entsprechend intensiv genutzt wird.

Sicherheitstip
Für welches System Sie sich auch entscheiden: Grundsätzlich gilt, daß nur spezielle Gewächshausheizungen auch wirklich den besonderen Sicherheitsanforderungen, die für derartige Räume gelten, angepaßt sind.
So sind beispielsweise normale Heizlüfter, wie sie für den Wohnungsbereich angeboten werden, nicht für Feuchträume zugelassen. Sie würden leicht korrodieren und könnten damit durch Kurzschluß rasch zu einem Sicherheitsrisiko für Mensch und Gebäude werden.

Spezielle Gewächshausheizungen sind sicherheitstechnisch so ausgerüstet, daß sie den Betriebsbedingungen entsprechen. Dazu gehören beispielsweise Temperaturbegrenzer für die Heizwendel, für den Dauerbetrieb ausgelegte Lüftermotoren, außentemperaturgeregelte Ther-

mostatsteuerung oder bei Gas-
betrieb, z. B. Katalysatorbrenner,
zur Reduzierung des giftigen
Kohlenmonoxidanteils. Diese
Einrichtungen erhöhen meist
nicht nur die Sicherheit, sondern
reduzieren obendrein den benötigten Energiebedarf und helfen
somit, Betriebskosten zu sparen.

Elektroheizlüfter bietet der
Fachhandel in zahlreichen Va-
rianten an. Zur Mindestausstat-
tung sollte ein Thermostatregler
gehören, der das stufenlose Ein-
stellen der gewünschten An-
schalttemperatur ermöglicht.

Elektroheizlüfter

Manche Geräte besitzen sogar
eine energiesparende Zwei-Stu-
fen-Regelung. Der Thermostat
schaltet bei absinkender Außentemperatur dabei zunächst nur
eine Heizwendel ein. Erst wenn
die eingestellte Temperatur mindestens weitere 3 °C unter den
gewünschten Wert fällt, wird eine
zweite Heizwendel zugeschaltet.
Die Hauptheizzeit wird also mit
geringerer Kilowattzahl und damit kostengünstiger gefahren.
Außerdem wird die Ventilator-
laufzeit verlängert, was das
Klima im Gewächshaus deutlich
verbessert und die Gefahr des

Pilzbefalls für die Pflanzen verrin-
gert. Um diesen gewünschten
Effekt nicht zum teuren Energie-
fresser werden zu lassen, sollten
Sie beim Kauf allerdings darauf
achten, daß die Stromaufnahme
des Ventilators möglichst gering
ist. Dies ist besonders auch im
Hinblick auf den Einsatz des
Geräts zur kühlenden Luftumwälzung im Sommer von Bedeu-
tung.

Voraussetzung ist natürlich, daß
das Gerät überhaupt eine Lüfter-
stufe besitzt, also der Ventilator

getrennt von den Heizwendeln
schaltbar ist, und eine deutlich
höhere Luftleistung im Vergleich
zu herkömmlichen Heizlüftern
vorhanden ist.

Diese benötigen Sie letztlich
auch zur pflanzengerechten
Beheizung, da erst durch die erhöhte Luftumwälzung eine gerin-
gere Ausblastemperatur ermöglicht wird. Sie verhindert das Austrocknen der heizungsnahen
Pflanzenbereiche. Außerdem
sorgt die große Luftumwälzung
dafür, daß die Temperatur im Ge-

wächshaus gleichmäßig verteilt ist. Unerwünschte Temperaturdifferenzen, z. B. warm im oberen Bereich – kalt im Bodenbereich, werden dadurch vermieden.

Gute Elektroheizlüfter weisen außerdem zusätzliche Sicherheitseinrichtungen auf, z. B. Temperaturwächter, die ein Heißlaufen des Ventilatormotors verhindern, oder Sicherheitstemperaturschalter, die im Störfall, beispielsweise bei Verschluß der Ausblasöffnung, die Elektrowendel abschalten.

Alternativ zur Stromenergie bieten sich auch **Heizgeräte mit**

Propangasbetrieb an. Die Versorgung kann entweder durch Anschluß an einen bereits für die Hausheizung vorhandenen Gastank oder mittels eigener Gasflaschen erfolgen.

Manche Geräte ermöglichen auch den gleichzeitigen Anschluß einer zusätzlichen Reserveflasche, die automatisch zugeschaltet wird, sobald die momentane Versorgungsflasche leer ist. Besonders in kalten Winternächten kann es da Probleme geben, wenn die Heizung wegen Gasmangels ausfällt: Die Pflanzen

können erfrieren, die Arbeit mehrerer Wochen ist zunichte gemacht.

Zur **Energieeinsparung** bieten die meisten Hersteller ihre Geräte mit einer automatischen Thermostatregelung an, die allerdings lediglich über zwei Regelstellungen – Minimum oder Maximum – verfügen. Noch deutlichere Energieeinsparungen lassen sich erzielen, wenn darüber hinaus eine zusätzliche Nullabschaltung vorhanden ist. Diese unterbricht die Gaszufuhr zum Brenner vollständig, wenn die Gewächshausinnentemperatur trotz niedrigster Heizstufe immer noch zu hoch ist. Bei Absinken der Temperatur wird die Gaszufuhr wieder freigeschaltet und der Brenner gezündet.

Zusätzliche Energieeinsparungen bei gasbetriebenen Heizgeräten lassen sich durch Katalysatortechnik erreichen. Sie erhöht den Wirkungsgrad durch einen vollständigeren Verbrennungsvorgang und liefert darüber hinaus eine mit Kohlendioxid angereicherte Gewächshausluft, die auf das Pflanzenwachstum einen durchaus positiven Effekt aus-

Heizgerät mit Propangas

üben kann. Bei Dauerbetrieb sollte allerdings der Anschluß einer Abgasanlage erwogen werden, da sich eine Überdosis an Kohlendioxid auf die Pflanzen auch schädlich auswirkt.

Heizanlagen, die ihre Wärmeenergie über die Luft abgeben, sind für Gewächshäuser nicht so gut geeignet. Durch die großflächige Fensteraußenhaut geht sehr viel Wärme verloren, so daß nur ein Teil der abgegebenen Wärmeenergie wirklich für die Pflanzen genutzt werden kann.

Im gewerblichen Gartenbau ist man deshalb längst dazu übergegangen, durch **Bodenheizungen** die Wärmenergie für Pflanzen effektiver einzusetzen.

Klimagerät

Diese Bodenheizsysteme eignen sich auch für kleine Gewächshäuser. Es gibt zwei Systeme: entweder werden elektrische Bodenheizkabel verlegt oder wasserführende Spezialschläuche. Während erstere einfach mittels Stecker an das bestehende Hausstromnetz anzuschließen sind, benötigt die Warmwasserbodenheizung einen beheizbaren Warmwasserboiler, eine

Pumpstation mit Umwälzpumpe, Ausgleichsgefäß, Manometer, Füll- und Entleerungshahn, Entlüftungsventil etc.
Das Verlegen der wärmenden Schlauchleitungen kann wahlweise als direkte Bodenheizung, aber auch als bodennahe Randleistenheizung erfolgen.

Gleichermaßen gut geeignet zum Heizen wie auch zum Kühlen

sind sogenannte **Klimageräte**. Bei dieser Technik wird durch den Einsatz von Betreibungsenergie in Form von Strom die bereits vorhandene Temperatur auf ein höheres Niveau hochgepumpt und so zur Beheizung genutzt.

So wird eine zwei- bis dreimal höhere Heizleistung im Vergleich zur eingesetzten Betreibungsenergie erreicht.

Licht und Schatten im richtigen Verhältnis

Außenrollos schützen vor zu starker Sonneneinstrahlung

gesorgt sein. Sie ist das A und O. Hier gilt als **Faustregel**: 20 Prozent der gesamten Glasflächen müssen sich öffnen lassen. Zusätzliche Lüftungsklappen tun ein übriges für eine angenehme Raumtemperatur.

Profitip

Am wirkungsvollsten werden die Klappen an der Stehwand und am Abluftflügel im Dachbereich angebracht. In diesem Fall strömt die Außenluft durch die Zuluftklappen am Glasdach entlang und nimmt die heiße Luft im Inneren des Gebäudes durch die Dachlüftung wieder mit nach außen.

Wenn Sie im Sommer in Ihrem Wintergarten nicht Spiegeleier braten wollen, müssen Sie von Anfang an darauf achten, daß Bepflanzung, Belüftung und Fensterflächen im richtigen Verhältnis zueinander stehen. Dann verschonen Sie nicht nur Ihre Pflanzen vor größeren Schweißausbrüchen, die sich als Schwitzfeuchtigkeit über den gesamten Raum legen und ein gutes Raumklima zerstören. Sie können außerdem auf ein aufwendiges Beschattungssystem verzichten. So zweckmäßig und umweltfreundlich es ist, den Treibhausef-

fekt zum Beheizen von Wintergärten oder Glashäusern auszunutzen, so problematisch kann er in heißen Sommern werden. Glas ist nämlich in der Lage, kurzwelliges und energiereiches Sonnenlicht zu einem großen Anteil durchzulassen. Massive Wände und gut speichernde Fußböden aus Naturstein oder Keramik absorbieren die Strahlung und geben sie wieder als Wärme besonders gut in den Raum ab.

Deshalb muß in jedem Fall für eine ausreichende **Be- und Entlüftung**

Lassen Sie sich von einem Fachmann ausrechnen, wie groß die Zu- und Abluftöffnungen sein müssen, damit Sie später nicht in einer unangenehmen Zugluft sitzen müssen.

Wenn keine dichten Laubbäume im Garten als natürliche Schattenspender vorhanden sind, sollten Sie unbedingt einen künstlichen Sonnenschutz anbringen, um zu vermeiden, daß sich der Glasanbau während der Mittags- und Nachmittagszeit wirkungsvoll aufheizt.

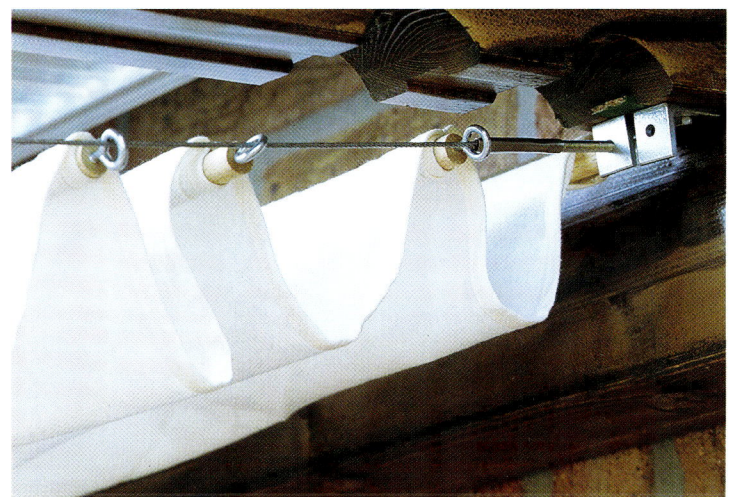

Innenschattierung

Am wirkungsvollsten wird die Sonne durch eine **Schutzvorrichtung** in die Schranken gewiesen, die außerhalb des Wintergartens oder Glashauses installiert ist. Sie läßt die Sonne nämlich erst gar nicht durch das Glas dringen. Unabdingbar für jede Außenschattierung: Sie muß wind- und wetterfest sein.

Vorsicht beim Montieren: Sie dürfen den Lüftungseffekt nicht behindern. Halten Sie einen Mindestabstand von 15 cm zu den Luftklappen. Moderne Markisen-Systeme in unterschiedlicher technischer Ausführung schützen Dach und Seitenwände durch strapazierfähige Markisen aus festen Textilien.

Kostengünstiger und sauberer kommen Sie mit einer **Innenschattierung** zu Ihrem Schattendasein: Jalousien, Lamellen und Raffrollos aus Baumwollstoff oder aus aluminiumbedampften Geweben bieten einen guten Sonnenschutz.

Sie laufen an einem Seilzug oder in Schienen und werden entweder per Handkurbel oder elektrisch bedient. Faltstores werden auch nach Maß angefertigt. So erhalten Sie auch für komplizierte Fensterformen, z. B. Dreiecke, Schrägen oder sogar Rundbögen, problemlos einen passenden Sonnenschutz. Bei verwinkelten Übergängen sind alubedampfte Stoffe in Laufschienen ein probates Mittel, weil sie praktisch alle Hindernisse nehmen.

Werkstoff Glas

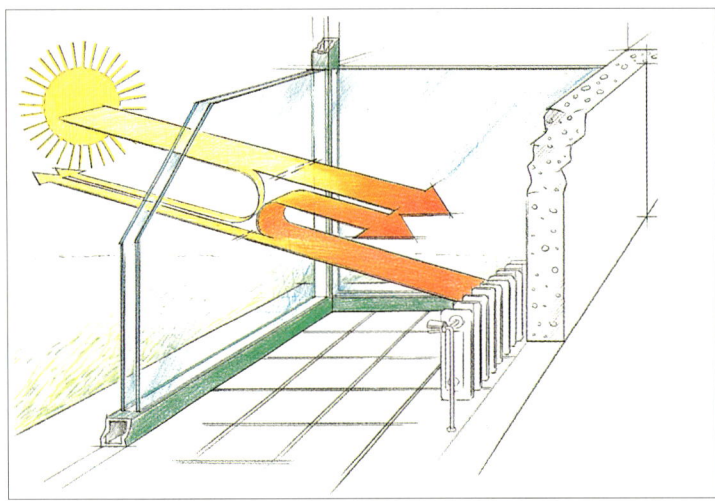

Das Verhalten von Licht- und Wärmestrahlen im Wintergarten mit Wärmeschutzverglasung

Glas ist ein Naturmaterial. Schon in der späten Steinzeit, etwa 7000 Jahre vor Christus, wurde Glas verwendet. Damals kannte man die wichtigsten Materialien zur Herstellung von Glas. Dies sind Quarzsand, Kalk und Soda. Rohstoffe also, die heute noch ausreichend zur Verfügung stehen und für die Glasproduktion verwendet werden.

Während in der Steinzeit die Herstellung von Glas schwierig war, wird heute das Wohnbauglas im »Floatverfahren« produziert. Dieses Verfahren hat das Glas wesentlich verbilligt. Damit ist es möglich geworden, den Einsatz von Glas in der Solararchitektur erschwinglich zu gestalten.

Die Art der Verglasung ist für die Behaglichkeit im Wintergarten verantwortlich. Der **Wärmedämmwert** der Verglasung sollte aus diesem Grund so hoch wie möglich sein. Denn mit steigender Wärmedämmung sinken der **Energiedurchlaßgrad** und die **Lichtdurchlässigkeit** der Verglasung geringfügig. Für die Helligkeit im Wintergarten ist das ohne

Belang. Im Gegensatz zu anderen Baustoffen läßt die Verglasung kurzwelliges und energiereiches Licht zu einem großen Anteil durch. Die Strahlen treffen auf Wände, Fußböden und Einrichtung, werden dort absorbiert und als Wärme wieder abgegeben.

Diese abgestrahlte Wärme ist langwellig. Die empfohlene Wärmeschutzverglasung läßt diese Wellen kaum durch. Die Wärme bleibt deshalb im Raum. Man spricht von einer sogenannten »Solarfalle«. Diese Solarnutzung während der Heizperiode kann allerdings nur dann genutzt werden, wenn Sonnenlicht ungehindert in den Raum eindringen kann. Die Wärmedämmung (Wärmerückfluß) von Glas wird als k-Wert bezeichnet. Je höher der **k-Wert**, desto mehr Wärme geht verloren.

Einscheibenglas:
k-Wert = 6.0 W/m^2 K
Isolierglas:
k-Wert = 3.0 W/m^2 K
Spezialisolierglas:
k-Wert = 1.3 W/m^2 K

Faustregel: Der maximale k-Wert der Verglasung sollte unter 1,4 W/m^{2}K liegen.

Doch entscheidend ist nicht nur der k-Wert, sondern auch der sogenannte **G-Wert**, der **Lichtdurchlaßwert**. Er gibt an, wieviel Licht durch das Glas ins Innere dringt. Das Glas für einen Wintergarten sollte also einen möglichst hohen G-Wert haben.

Einscheibenglas:
G-Wert = 87 %
Isolierglas:
G-Wert = 77 %
Spezialisolierglas:
G-Wert = 65 %

Für die Verglasung des Wintergartens sollten Sie also ein Glas verwenden, das einen möglichst niedrigen k- und einen möglichst hohen G-Wert besitzt.

Die Funktion der Verglasung:

• Sie trennt Innen- und Außentemperatur.
• Sie läßt viel Licht und Energie in den Innenraum.
• Sie läßt wenig Wärme wieder nach außen.

Achten Sie darauf, daß das Glas widerstandsfähig, farbneutral und pflegeleicht ist. Ebenso wichtig ist, daß alle Glasdachflächen mit einer

Wintergarten mit Sicherheitsglas

Kombination aus **Einscheiben-Sicherheitsglas (ESG)** oder aus **Verbundscheiben (VSG)** versehen sind. Ein **ESG-Glas** zerfällt bei Bruch in kleinste Stücke. Beim Anfassen der Splitter können Sie sich jedoch keine Schnittwunden holen. Das **VSG-Glas** dagegen zerspringt beim Bruch nicht, weil es durch eine Folie zusammengehalten wird.

Bei Solarglashäusern wird in der Regel **Isolierglas** mit verschweißtem Randverbund (z. B. Gado oder Sedo) oder Isolierglas mit or-

ganisch verklebtem Randverbund verwendet.

Die Gado- und Sedo-Gläser werden hergestellt, indem man zwei Glastafeln im Randbereich bis zum Schmelzpunkt erhitzt, abkröpft (umbiegt) und miteinander verschmilzt.
Der Zwischenraum zwischen den Scheiben wird danach mit trockener Luft oder mit Gas gefüllt. Organisch geklebte Gläser werden über einen Abstandshalter mit einem dauerelastischen Dichtstoff ausgefüllt.

Für die Stehwände können Sie jedes Glas verwenden. Im Dachbereich wird das Isolierglas mit verklebtem Randverbund zusammen mit Sicherheitsscheiben (ESG oder VSG) eingesetzt.

Die Stellen, an denen die Gläser aneinanderstoßen, werden in der Regel mit Silikon verklebt und mit einem Kunststoffstreifen zusätzlich abgedichtet. Es kann aber auch Isolierglas verwendet werden, bei dem die obere Scheibe übersteht. Für die Solararchitektur haben Sie auch die Möglichkeit, **Plexiglas** oder anderes **Kunststoffglas** zu verwenden. Hier ist es ebenso wichtig, auf den k-Wert und eine optimale Lichtdurchlässigkeit zu achten. Die Durchsichtigkeit wird jedoch bei Kunststoff immer

Plexiglas

Sicherheitstip

Im Bereich der Überkopfverglasung ist Verbundsicherheitsglas vorgeschrieben. Das gibt es ebenfalls als Wärmeschutzverglasung. Es sei denn, Sie wählen dafür sogenannte **Stegdoppelplatten**, die robust sind, aber bei weitem nicht soviel Helligkeit in Ihren Wintergarten strömen lassen.

schlechter sein als bei Glas. Daher müssen Sie sich bereits bei der Planung über den späteren Verwendungszweck des Anbaus klar sein, damit Sie die richtige Verglasung wählen können.

Für den **unbeheizten Wintergarten** reicht eine Bedachung mit Stegdoppelplatten und eine einfache Verglasung der senkrechten Wände völlig aus. Der unbeheizte Wintergarten wird während der kalten Jahreszeit ohnehin vom Wohnbereich abgetrennt.

Eine solche einfache Verglasung hat jedoch den Nachteil, daß zuviel dieser Wärme wieder durch das Glas nach außen abgegeben wird. Deshalb ist ein Isolierglas, besser noch ein **Spezialglas**, z. B. ein beschichtetes Glas, das Richtige für die Speicherung von Wärme. Das beschichtete Glas reflektiert die Wärmestrahlung, also das infrarote Licht, wieder ins Rauminnere. Natürlich muß die Energieeinsparung im Verhältnis zu den höheren Anschaffungskosten der Spezialgläser stehen.

So bleibt Holz auf Dauer schön

Fichte

Eiche

Kiefer

Holz ist das klassische Material, wobei es im Fensterbau – und natürlich beim Einsatz in der Konstruktion von Wintergärten – sehr

Profitip

- Holz benötigt eine verrottungssichere Verankerung im Fundament.
- Auch widerstandsfähige Sorten wie Western Red Cedar und Oregon Pine sollten Sie regelmäßig mit einem Lack- oder Lasuranstrich vor dem Verwittern schützen.
- Vollholzbalken aus heimischen Hölzern neigen zu Rissen und verziehen sich leicht. Ziehen Sie Leimbinder vor, das ist auf jeden Fall die formstabilere Variante.

strengen Güteanforderungen unterworfen ist. Diese werden durch unabhängige Prüfinstitute ständig kontrolliert. Hat ein Fenster außer der Bezeichnung »hergestellt nach DIN 68 360« noch das RAL-Gütezeichen, das von der »Gütegemeinschaft für Fenster und Türen« vergeben wird, können Sie als Kunde sicher sein, daß dieses Produkt allen technischen Anforderungen entspricht, was Wärmedämmung, Lärmschutz, Wind- und Regendichtigkeit anbelangt.

Die am häufigsten im Wintergartenbau eingesetzten Hölzer sind Fichte, Kiefer, Eiche, Douglasie und Oregon Pine. Welches Holz Sie auswählen, hängt zum einen von Ihrem persönlichen Geschmack, zum anderen aber auch

sehr stark von den Witterungsbedingungen ab, denen der Wintergarten ausgesetzt sein wird.

Für direkt der Witterung und intensiven Sonnenbestrahlung ausgesetzte Holzelemente sollten möglichst helles Holz und helle Beschichtungen gewählt werden. Je dunkler der Farbton, desto stärker ist die Wärmeaufnahme. Die Oberfläche trocknet zu schnell aus, vergraut und reißt. Feuchtigkeit kann in das Holz eindringen und zu Schäden führen. Bei harzreichen Holzarten wie Kiefer oder Oregon-Pine führt die Wärme außerdem zu vermehrtem Harzaustritt.

Pfosten, Rahmen und Streben müssen wirksam vor Hitze, Kälte, Nässe und UV-Strahlung ge-

Konstruktiver Holzschutz durch eine Holz-Alu-Konstruktion

schützt werden. Dabei unterscheidet man zwischen konstruktivem und chemischem Holzschutz sowie dem Oberflächenschutz.

Der **konstruktive Holzschutz** wird zu einem Teil bereits vom Hersteller geleistet. Dazu zählen die Konstruktion im ganzen, die Profilausbildung sowie die Auswahl des Holzes, das verarbeitet wird. Wichtig ist natürlich auch die sachgerechte Montage.

Ein **chemischer Holzschutz** ist bei ausreichendem baulichen Holzschutz bei Fenstern nicht notwendig. Der Oberflächenschutz dient als Wetterschutz für das Holz. Deckende Beschichtungen und pigmentierte, biozidfreie Lasuren ziehen nicht in das Holz ein. Sie dienen nur dazu, Wasser und UV-Strahlung von der Oberfläche des Holzes abzuweisen. Regelmäßige Kontrolle und Erneuerung helfen, die optischen und funktionellen Eigenschaften des Fensters auf Dauer zu erhalten.

Moderne Holzfenster-Profile sind so konstruiert, daß zumindest Zweischeiben-Isolierglas nach der Wärmeschutzverordnung eingesetzt werden kann. Für den Einbau von Mehrscheiben-Isolierglas oder Funktionsscheiben gibt es entsprechend stärker dimensionierte Profile. Die genauen Mindestmaße sind in der DIN 68121 für alle Hersteller verbindlich festgelegt.

Über eine Wetterschutzschiene aus Aluminium am unteren Rahmenholm wird Wasser, das bei Regen beispielsweise durch ein gekipptes Fenster in den Falz eingedrungen ist, gesammelt und über die Wasseraustrittsöffnungen nach außen abgeführt.

Kleine Holzkunde

Für den Bau von Wintergärten sollten Sie weitgehend auf **Tropenhölzer** und andere Exoten verzichten. Im Außenbereich haben sich die bereits erwähnten **europäischen** und **nordamerikanischen Hölzer** bewährt, die auch wesentlich leichter erhältlich und meistens preisgünstiger sind. Diese Hölzer haben von Natur aus ein schönes Aussehen und können durch sorgfältige und umsichtige Oberflächenbehandlung noch erheblich aufgewertet werden.

Daß Holz Luftfeuchtigkeit aufnimmt, speichert und die eingelagerte Feuchtigkeit bei trockener Luft wieder an die Umgebung abgibt, dürfte hinlänglich bekannt sein. Bei feuchter Witterung weiten sich die Zellen durch die Aufnahme von Feuchtigkeit aus, und sie ziehen sich wieder zusammen, wenn das Holz trocknet. Dabei verändert sich ständig die Form des Holzes – es arbeitet. Der Fachmann nennt diese Formveränderung Quellen und Schwinden. Dadurch verändert sich natürlich auch die äußere Form.

Besonders schwierig wird es dann, wenn mehrere Holzteile miteinander verbunden werden, da sich natürlich nicht jedes Holzteil genau wie das andere verhält. Werfen, Verziehen und Rissebildung sind die Folgen, die aber nicht nur bei Holzverbindungen, sondern auch beim einzelnen Werkstück auftreten. Frisches Holz hat einen Feuchtigkeitsgehalt von etwa 60 Prozent. Bis es zur Verarbeitung kommt, sollte die Feuchte durch Trocknung auf 15 bis 18 Prozent zurückgegangen sein.

Das Holz, das Sie im Baumarkt oder beim Holzhändler roh oder bereits als fertigen Wintergarten-Bausatz kaufen, ist meistens schon auf dieses Niveau abgetrocknet. Wenn das Holz feuchter ist, läßt es sich wesentlich schwerer verarbeiten; außerdem ist sein Gewicht durch das eingelagerte Wasser viel größer. Das Schwinden des Holzes sollten Sie immer mit einplanen. In Richtung der Jahresringe ist dieser Schwund am geringsten. Ansonsten müssen Sie mit einem erheblichen Schwund von bis zu 10 Prozent rechnen! Das zeigt, wie wichtig es ist, auf gut lufttrockene Ware beim Kauf zu achten. Ungleichmäßige Holztrocknung führt durch die großen Spannungen schnell zu Rissen.

Holz im Außenbereich

Die richtige Tragekonstruktion

Als Tragekonstruktion für Ihren Wintergarten oder Ihr Gewächshaus kommen Stahl-, Aluminium-, Kunststoff-Alu-, Holz- und Holz-Alu-Konstruktionen in Frage. Ausschlaggebend für die Wahl des Materials wird die Struktur des vorhandenen Baukörpers sein. Wegen der extremen Beanspruchung durch die Witterung stellt die Verglasung hohe Anforderungen an die einzelnen Bauteile, an die Anschlüsse untereinander sowie an die Anschlüsse an das Hauptgebäude. Neben der statischen Berechnung erfordern die Bewegungen der Bauteile entsprechend den thermischen Belastungen Konstruktionen mit dauerelastischen Dichtungen.

Stahl ist sehr druck-, zug- und biegfest, hat aber den Nachteil, daß er leicht rostet. Die unterschiedlichen Stahlsorten sind nach ihrer Güte in verschiedene Grup-

Wintergarten mit Stahlprofilen

Sicherheitstip

Verzinkte Teile dürfen nicht ohne spezielle Absaugvorrichtungen verschweißt werden, da dabei hochgiftige Dämpfe entstehen. Für den Heimwerker daher in den meisten Fällen ungeeignet.

pen unterteilt. Im Wintergartenbau und bei der Konstruktion von Glashäusern finden die Sorten mit der Bezeichnung St 37, St 46 und St 52 Verwendung. Stahl ist sehr stabil, deshalb haben die Profile meist einen kleinen Querschnitt. Stahlkonstruktionen wirken da-

durch sehr filigran. Üblichlicherweise werden Stahlteile durch **Schweißen** verbunden, daher ist die Bearbeitung dieses Materials wohl nur für sehr versierte Heimwerker geeignet. Sie müssen zudem über entsprechendes Werkzeug (E-Schweißgerät o. ä.) verfügen. Außerdem ist es wichtig, daß Sie bereits ausreichend Erfahrung bei entsprechenden Arbeiten gesammelt haben, da die Stabilität solcher Konstruktionen erheblich von der Qualität der Schweißnähte abhängt. Wollen Sie Ihren Wintergarten dennoch aus Stahlelementen bauen, so sollten Sie zumindest für die Verbindung der Rahmenteile auf sachkundige Hilfe (z. B. Schlosser) zurückgreifen.

Um die **Korrosion** (Rost) von Stahlteilen zu unterbinden, haben Sie verschiedene Möglichkeiten. Ein sehr häufig angewandter Korrosionsschutz ist die **Feuerverzinkung**. Dabei werden die Konstruktionsteile in einer Verzinkerei in ein spezielles Bad getaucht. Neben den Kosten für die Feuerverzinkung entstehen dabei auch noch die Kosten für Hin- und Rücktransport der sperrigen vormontierten Rahmenteile.

Ein weiterer Nachteil ist, daß Farbanstriche auf verzinktem Untergrund leicht abblättern. Das hat zwar keine Auswirkungen auf den Korrosionsschutz, der durch die Feuerverzinkung nach wie vor gegeben ist, beeinträchtigt aber das Erscheinungsbild des Wintergar-

Anstriche – Schutz und Zierde

tens oder des Glashauses – und macht immer wieder Schönheitsreparaturen erforderlich.

Neben der Feuerverzinkung schützen **Anstriche** gut vor Rostbildung. Hier müssen Sie unterscheiden zwischen dem **Grundanstrich,** der der eigentlichen Korrosionsverhinderung dient, und dem **Deckanstrich** zum Schutz des Grundanstrichs gegen Feuchtigkeit, Abnutzung und Lichteinwirkung. Fachhandel oder Baumärkte haben für beide Anstricharten ein umfangreiches Sortiment auf Lager. Besonders beim Grundanstrich sollten Sie unbedingt auf höchste Qualität der Erzeugnisse achten. Grundanstriche mit der Bezeichnung **Mennige** oder

Zinkchromat haben sich bestens bewährt.

Für einen dauerhaften Rostschutz sollten Sie in der Regel zwei Grundanstriche und zwei Deckanstriche auftragen. Bei einwandfreier Ausführung können solche Anstriche ihre Schutzfunktion bis zu 10 Jahre gewährleisten. Wenn Sie allerdings nicht sorgfältig genug gearbeitet haben, ist schon viel eher ein neuer Anstrich nötig. **Wichtig:** Sorgfältig entrosten – auch wenn es sehr viel Zeit und Mühe kostet.

Neben dem bisher beschriebenen **passiven Rostschutz** sollten Sie auch die Grundsätze des **aktiven Rostschutzes** beachten. So können Sie bereits im Vorfeld durch überlegte Konstruktion künftige »Rostfallen« vermeiden. Dazu gehört u.a. die Vermeidung von Schmutz- und Wasseransammlungen durch Öffnungen für den Wasserabfluß oder auch die Verwendung nichtrostender Bauelemente als Abstandhalter an feuchtigkeitsspeichernden Auflagepunkten.

Stahlkonstruktionen im Wintergartenbau eignen sich wegen der ho-

Wintergarten aus Aluminiumbauteilen

hen Temperaturleitfähigkeit des Materials überwiegend für nicht-winterfeste Glasanbauten.

Aluminium: Im Gegensatz zu Holz und Stahl hat Aluminium den großen Vorteil, daß es gegenüber Witterungseinflüssen praktisch unempfindlich ist. Darüber hinaus lassen sich wegen des geringen Gewichts und der hervorragenden Festigkeit alle möglichen konstruktiven Spielereien realisieren. Aluminium ist, ebenso wie Stahl, in den vielfältigsten Profilformen lieferbar. Obwohl Aluminium in der Anschaf-

fung relativ teuer ist, sind die Gesamtkosten wegen der entfallenden Maßnahmen für Korrosionsschutz und Korrosionsbeseitigung auf lange Sicht gesehen durchaus mit anderen Materialien vergleichbar. Aluminiumbauteile gibt es auch in Farbausführungen, die durch **Eloxieren** des Metalls entstehen.

Für Sie als Heimwerker ist Aluminium geeignet, weil es wegen seines geringen Gewichts leicht zu verarbeiten ist. Außerdem läßt es sich mit den üblicherweise vorhan-

denen Werkzeugen gut bearbeiten, wie z. B. sägen, bohren, schleifen. Für die Verbindung von Aluminiumbauteilen eignen sich z.B. Niet- und Schraubverbindungen. Beachten Sie dabei aber, daß Sie nur nichtrostende oder oberflächengeschützte (verchromte) Stahlschrauben einsetzen dürfen.

Serienprofile haben meist zwischen dem Außen- und Innenrahmen eine **thermische Kunststofftrennung**. Diese ist notwendig, um Schwitzwasserprobleme an der Innenseite zu vermeiden.

Bei der Bearbeitung von Aluminium ist zu beachten, daß es zwar enorm witterungsbeständig ist, aber daß es bei Berührung mit anderen Materialien zu **Kontaktkorrosion** kommen kann. So müssen Sie beispielsweise in Feuchtbereichen eine Berührung mit Stahl- oder Holzteilen durch das Zwischenlegen entsprechender Spezialfolien verhindern. Daneben erfordert die Empfindlichkeit des Aluminiums gegen Säuren und Basen besonders während der Rohbauzeit gewisse Kontaktschutzmaßnahmen. Häßliche, nicht mehr zu beseitigende Flecken auf den Sichtflächen können Sie umgehen, wenn Sie diese Teile sorgfältig vor Mörtelspritzern schützen. Einfache Verunreinigungen von Aluminiumteilen können Sie mit sanften Reinigungsmitteln (z. B. Geschirrspülmittel) entfernen. Verwenden Sie zur Reinigung kein laugenhaltiges Abwaschmittel.

Ökotip

Viele Hersteller nehmen später Kunststoffprofile wieder zurück. Adressen erfahren Sie beim: Verband der Fenster- und Fassaden-Hersteller e.V. Postfach 60322 Frankfurt/Main.

Kunststoff: Profile aus Kunststoff gewinnen auch beim Wintergartenbau immer mehr Marktanteile. Inzwischen gelten diese Produkte als hochwertige Bauelemente, die alle bautechnischen und bauphysikalischen Anforderungen problemlos erfüllen. Heute werden überwiegend sogenannte **Mehrkammerprofile** verwendet. Dabei ist der eigentlichen Hauptkammer, in die ein Aussteifungsprofil aus Aluminium oder verzinktem Stahl eingeschoben ist, eine wärmedämmende Isolierkammer vorgelagert. Sie nimmt von außen ein-

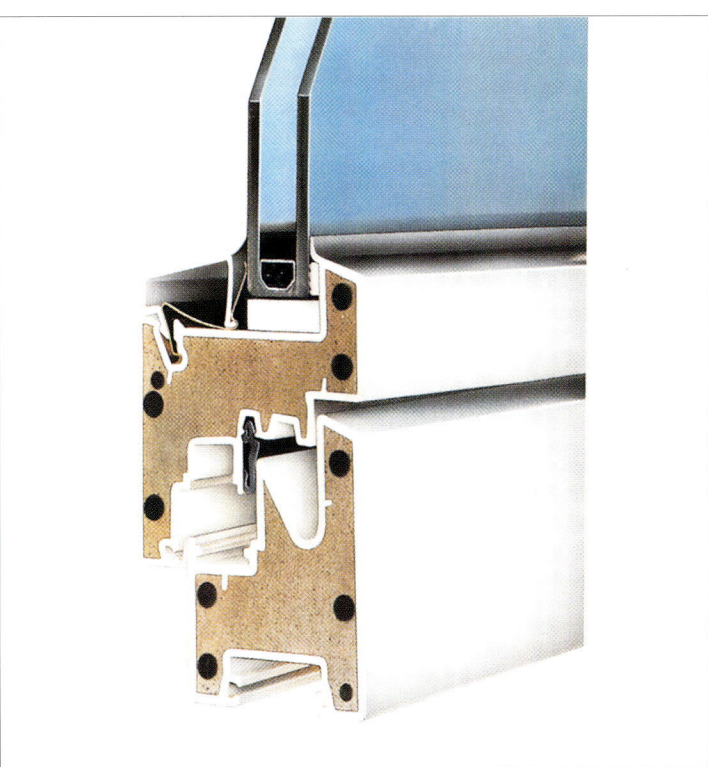

Profilsystem Blend- und Flügelrahmen

dringende Kälte oder Wärme auf, gleicht sie aus und stabilisiert so die Temperatur innerhalb des Profils. Die Ecken werden im Spiegelschweißverfahren ohne Zugabe von Klebern oder sonstigen Hilfsstoffen direkt Kunststoff auf Kunst-

stoff verschweißt, damit eine stabile und homogene Verbindung entsteht.

Selbst hohen statischen Anforderungen genügen sogenannte **Aluminium-Kunststoffverbund-**

Wintergarten mit Kunststoffprofilen

Profile. Dabei übernimmt ein ringsum geschlossener Aluminium-Profilrahmen alle statischen Funktionen. Die Wärmedämmung wird durch eine geschlossene Ummantelung aus PVC-Schaum bewirkt, die das Material vor Witterung und Umweltbelastungen schützt.

Auf dem Gebiet der **Kunststoffprofile** hat sich einiges getan. Gerade für den Einsatz im Wintergarten- und Fensterbau sind neuartige Profile entwickelt worden: Vollmassiv, dadurch besonders wärme- und schalldämmend, (k-Wert 1,7 W/m²K). Es kommt zu keiner Schwitzwasserbildung, die Eckverbindungen sind formstabil, dadurch sind schlanke Konstruktionen möglich. Die Profile verziehen sich praktisch nicht, d.h. die Längenausdehnung ist sehr gering. Durch integrierte Glasfaserstäbe sind große Spannweiten möglich. Das Material ist witterungsbeständig, dadurch gibt es kein Abblättern und keine Korrosion. Auch das Streichen können Sie sich sparen. Da das Material zudem auch noch lichtecht ist, bleicht es weder aus noch vergilbt es. Kurzum: Diese Profile sind völlig wartungsfrei.

Das gibt den richtigen Halt

Je nach verwendetem Material müssen Sie die verschiedensten Techniken einsetzen, um dauerhafte, stabile und sichere Verbindungen zu schaffen.

Der natürliche Baustoff **Holz** erfordert einige Grundkenntnisse und natürlich handwerkliches Geschick. Pfosten, Sparren und Pfetten müssen mit Hilfe von Dübeln oder durch Schlitz und Zapfen miteinander verbunden werden. Natürlich gibt es im Fachhandel auch stabile **Verbinder aus Metall** in verschiedenen Winkeln, die einfach mit Spaxschrauben angeschraubt werden. Der Nachteil: Diese Winkel sind zu sehen, optisch also nicht sehr schön.

Zum Aufbau von **Aluprofilen** brauchen Sie, falls die Verbindungselemente nicht im Bausatz mitgeliefert wurden, zumindest eine Nietzange und entsprechende Nieten – und dazu die nötige Erfahrung.

Bei Stahlkonstruktionen ist – wie bereits erwähnt – Schweißen angesagt. Und das ist eigentlich Aufgabe des Fachmanns. Fertige Elemente im Baukastensystem werden üblicherweise miteinander verschraubt.

Dübel, Schrauben und Nägel

Verbinder aus Metall

Nietzange

Dichtmasse

Dichtprofile

heitsglas montieren, es kommt auf die richtigen Befestigungsprofile an. Am besten geeignet sind Aluminiumprofile. Sie sind leicht zu verarbeiten und haltbar.

Dichtmasse, Dichtband und Dichtprofil

Dichtmasse wird in plastischem Zustand verarbeitet und ist dauerelastisch. Sie ist meist in Kartuschen erhältlich und wird mit einer Druckspritzpistole angebracht. Hauptanwendung: Abdichtung oder Versiegelung extrem feuchtigkeitsgefährdeter Fugenbereiche.

Besonders sorgfältig muß die Verglasung eingesetzt bzw. befestigt werden. Egal ob Sie Stegdoppelplatten aus Kunststoff oder Elemente aus Einscheiben-Sicher-

Profitip

Beachten Sie die Bauvorschriften: Abhängig von der gewählten Glasart müssen bestimmte Materialspannungen eingehalten werden. Auch der Rahmen darf sich nur in bestimmten Grenzen durchbiegen, die nach DIN 1249 für den Einzelfall berechnet werden können.

Dichtbänder sind meist mit einer selbstklebenden Schicht versehen und dienen häufig zur Abdichtung großflächiger Stoßstellen verschiedener Baumaterialien (Hausmauer/Anschlußprofil). Dabei erfüllen sie neben ihrer abdichtenden häufig auch eine dämpfende Funktion (Fensterrahmen/Glasscheibe).

Dichtprofile können sowohl aus biegsamem Gummi als auch aus unbiegsamem Kunststoff bestehen. Sie werden bei der Verglasung serienmäßig gefertigter Standardprofile eingesetzt (z. B. beim Abdichten und Fixieren von Plexiglasscheiben).

Fenster und Türen – wichtig zur Belüftung

Der **Treibhauseffekt** – und damit verbunden die erhöhte Innen- im Vergleich zur Außentemperatur – ist bei Wintergärten und Glashäusern im Winter und in den Übergangszeiten durchaus erwünscht.

Bei direkter Sonneneinstrahlung im Sommer kann es jedoch zu einer unerträglichen Aufheizung bis weit über 60 °C kommen.

Darüber hinaus kann es in der kühlen Jahreszeit in gut isolierten Glashaus- und Wintergartenbauten, besonders bei einem hohen Pflanzenanteil, zu hoher Luftfeuchtigkeit und damit zu Kondenswasserbildung kommen. In beiden Fällen ist eine Regulation durch den Einbau ausreichend dimensionierter Lüftungselemente nötig.

Für Wintergärten, die zu Wohnzwecken genutzt werden, bieten sich besonders **großflächige Schiebetüren** an. Diese können leicht Flügelbreiten von 3 m erreichen. Sie erlauben bei entsprechender Anordnung eine terrassenähnliche Öffnung des Wohnraums.

Neben **normalen Schiebetürelementen**, die im Bodenbereich

Großflächige Schiebetür

Faltschiebetür

Großräumiger Wohn-Wintergarten mit Fensterlüftung

über eine Bürstendichtung verfügen, eignen sich für vollisolierte Wintergärten besonders **Hebeschiebetüren**. Das Öffnen erfolgt über eine leicht bedienbare Mechanik, die die Tür anhebt; beim Schließen senkt sich die Tür und rastet in ein Dichtungsprofil ein.

Die Gestaltung besonders breiter Öffnungsfronten erlaubt die Verwendung von **Faltschiebetüren**. Diese bestehen aus einzelnen, durch Scharniere verbundene Türflügeln, die beim Öffnen zusammengefaltet werden.

Der Einbau sollte so erfolgen, daß die Faltflügel nach außen schwenken. Dies hat nicht nur den Vorteil, daß im Innenraum Platz gespart wird, sondern diese Methode erhöht auch die Dichtigkeit, da durch den Winddruck von außen die Türflügel stärker in ihre Dichtungsprofile gepreßt werden.

Neben Türen können natürlich auch **Fenster die Lüftungsfunktion** übernehmen. Dies bietet sich besonders bei großräumigen Wintergärten, die zum Wohnen gedacht sind, an.

Fenster und Türen ermöglichen zwar eine rasch wirksame Quer- bzw. Stoßbelüftung, sind aber wegen der damit verbundenen Zugluft als Dauerbelüftung nur bedingt einsetzbar. Deshalb sollten auch **Dachbelüftungselemente** miteingebaut werden. Als Richtmaß für die Dimensionierung gilt: Für etwa 25 m³ Rauminhalt sollte eine Dachlüftungsfläche von 1 m² eingeplant werden.

Sowohl für Gewächshäuser als auch für Wintergärten gibt es **Dachentlüftungsfenster**, die von der einfachen manuellen bis hin zur automatischen temperatur- und feuchtigkeitsgesteuerten Ausführung reichen.

Eine weitere Möglichkeit zur Belüftung bieten **Ventilatoren**, die ebenfalls temperaturgesteuert sein sollten. Ihre Anbringung erfolgt am besten in den Wärmestaubereichen direkt unter der Dachverglasung.

Ausreichende Belüftungselemente sind absolut notwendig. Sie sollten sich schon vor Baubeginn überlegen, welche Art der Belüftung für Sie in Frage kommt.

Dachentlüftungsfenster

Die wichtigsten Werkzeuge

Auf diesen beiden Seiten finden Sie Kurzbeschreibungen der wichtigsten Werkzeuge, die Sie benötigen, um Wintergärten und Glashäuser zu bauen. Welche Werkzeuge Sie für einzelne Arbeitsgänge und -anleitungen brauchen, ersehen Sie aus den Abbildungen unter der Rubrik »Werkzeug«, die Sie bei allen Arbeitsanleitungen vorfinden.

Werkzeuge zum Schneiden

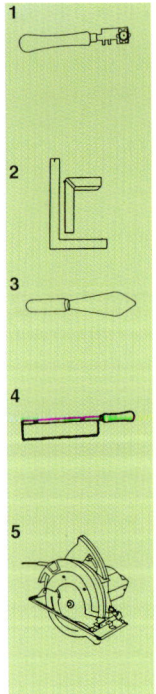

1 **Glasschneider**: Um Einfachscheiben fachgerecht zu schneiden, benötigen Sie den Glasschneider. Mit dem Griff des Glasschneiders klopfen Sie an der Schnittstelle entlang, bevor Sie das Glas über eine Kante brechen.

2 **Winkellineal:** Um Messer oder Glasschneider sauber zu führen, benötigen Sie ein Winkellineal oder eine Anschlagleiste.

3 **Kittmesser**: Mit dem Kittmesser schneiden Sie überstehenden Kitt ab oder schrägen den Kitt vom Glas zum Rahmen hin ab.

4 **Feinsäge**: Mit einer einfachen Holzsäge schneiden Sie Leisten, kleinere Latten auf die richtige Länge. Auch die Klötze zum Verklotzen von Glas sägen Sie damit zurecht.

5 **Elektrische Handkreissäge**: Mit der elektrischen Handkreissäge längen Sie alle Vierkanthölzer und Holzlatten ab. Sie können damit aber auch Plexiglas schneiden. Beachten Sie dabei, daß während des Sägens das Plexiglas noch mit einer Folie vor Verkratzen geschützt ist.

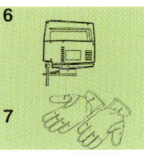

6 **Stichsäge**: Mit der Stichsäge können Sie leicht Plexiglas schneiden. Achten Sie darauf, daß das Plexiglas noch mit einer Folie gegen Verkratzen geschützt ist.

7 **Arbeitshandschuhe**: Schützen vor Verletzungen beim Glasschneiden.

Werkzeuge zur Oberflächenbehandlung

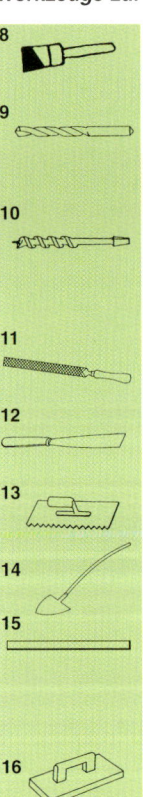

8 **Pinsel**: Geeignete Pinsel benötigen Sie zum Auftragen von Holzschutz, Rostschutz und Deckanstrich.

9 **Steinbohrer**: Mit dem Steinbohrer ist es möglich, alle Löcher für Befestigungen in Mauerwerk zu bohren. In die Löcher setzen Sie dann Dübel ein.

10 **Holzbohrer**: Da die meisten Holzverbindungen wegen der Haltbarkeit geschraubt werden, sind Holzbohrer in verschiedenen Größen ein wichtiges Werkzeug.

11 **Feile**: Mit der Feile entgraten Sie Schnittkanten von Plexiglas. Sie brechen damit auch die Kanten von Vierkanthölzern.

12 **Spachtel**: Mit der Spachtel ziehen Sie überschüssige Silikon-Dichtungsmasse oder Kitt ab.

13 **Zahnkelle**: Mit der Zahnkelle verteilen Sie Fliesenkleber gleichmäßig auf dem Untergrund.

14 **Schaufel**: Zum Verteilen des Mörtels bei Estricharbeiten.

15 **Abziehlatte**: Mit der Abziehlatte glätten Sie grob den Mörtel für den Estrich und überprüfen, ob der Estrich waagrecht liegt. Ebenso können Sie mit ihr Oberflächen, z. B. beim Betonfundament, abziehen.

16 **Reibebrett**: Zum gröberen Ausgleichen der Estrichfläche führen Sie das Reibebrett in größeren Kreisen.

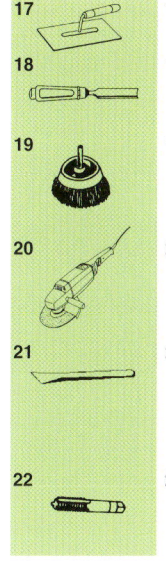

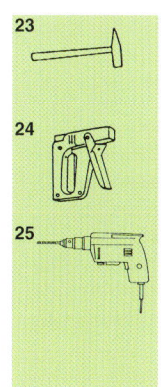

17 Stahlglätter: Dient zum feinen Glätten und zum Verteilen von Ausgleichsmassen.

18 Stemmeisen: Das Stemmeisen dient dazu, um Kerben für dauerhafte Holzverbindungen zu schaffen.

19 Drahtbürstenaufsatz: Mit Hilfe des Drahtbürstenaufsatzes auf der elektrischen Bohrmaschine können Sie Roststellen an Metallen entfernen.

20 Winkelschleifer: Der Winkelschleifer mit einer Metallschrubbscheibe eignet sich besonders, um große oder tiefgehende Roststellen an Metallen zu entfernen.

21 Meißel: Um Latten oder Balken an die Außenwand eines Hauses anbringen zu können, müssen Sie meist mit Hammer und Meißel Unebenheiten ausgleichen. Vorstehende Putze schlagen Sie ab.

22 Gewindebohrer: Für die Verbindung von Aluminiumprofilen müssen Sie in die Verbindungsstücke meist Gewinde bohren.

Werkzeuge zum Befestigen

23 Hammer: Mit dem Hammer können Sie alle Holzverbindungen nageln. Sie benötigen den Hammer außerdem, um hervorstehenden Putz abzuschlagen.

24 Tacker: Um auf Sparren, Pfetten und anderen Vierkanthölzern Dichtbänder zu befestigen, benutzen Sie am schnellsten und sichersten den Tacker.

25 Elektrische Bohrmaschine: Um Bauteile an den Mauerwerken zu verdübeln und um Schraubverbindungen herzustellen, brauchen Sie eine elektrische Bohrmaschine, die auch als Schlagbohrmaschine einzusetzen ist. Mit der Bohrmaschine können Sie auch Rührgeräte zum

Anmachen von Mörtel, Ausgleichsmasse und Fliesenkleber verwenden.

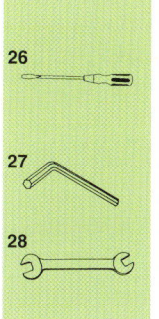

26 Schraubenzieher: Für die verschiedenen Schraubengrößen und Schraubenarten sollten Sie sich eine ausreichende Auswahl an Schraubenziehern bereitlegen.

27 Inbusschlüssel: Für viele Schraubverbindungen bei Aluminiumprofilen benötigen Sie Inbusschlüssel.

28 Gabelschlüssel: Gabelschlüssel der verschiedenen Größen werden gebraucht, um Muttern bei geschraubten Metallverbindungen anzuziehen.

Werkzeuge zum Messen

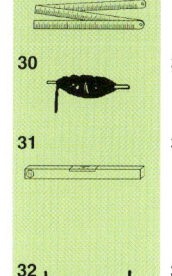

29 Zollstock: Mit dem Zollstock vermessen Sie z. B. Längen der Bauteile, Kanten der Bauflächen etc.

30 Richtschnur: Die Richtschnur hilft Ihnen, alle Fliesen in der einheitlichen Flucht zu verlegen.

31 Wasserwaage: Mit der Wasserwaage stellen Sie fest, ob die Bauteile auch senkrecht oder waagrecht eingebaut oder montiert wurden, bevor sie endgültig befestigt werden.

32 Schlauchwaage: Um den Untergrund über längere Entfernungen waagrecht zu gestalten, benötigen Sie eine Schlauchwaage.

Weitere Hilfsmittel

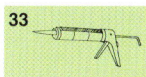

33 Auspreßpistole: Mit der Auspreßpistole verfüllen Sie leicht alle Fugen mit Silikon-Dichtungsmasse.

Fundamente errichten

Ob Sie einen kompletten Wintergartenbau zu Wohnzwecken errichten oder aber nur ein einfaches Gewächshaus im Garten
aufstellen wollen: Von der Boden-
verankerung und dem Fundament hängt es letzlich ab, ob die
errichtete Anlage dauerhafte Stabilität besitzt.

Foliengewächshäuser benötigen meist keinen eigenen Funda-
mentaufbau. Sie werden durch
Einstecken der Rahmenstahlroh-
re in das Erdreich verankert. Mit
zusätzlichen Erdankern erreichen Sie zusätzliche Sturm-
sicherheit.

Für größer dimensionierte Gewächshäuser, die mit Glas oder
Stegdoppelplatten ausgestattet
sind, ist ein ausreichend starkes
Fundament unumgänglich.

1 Eine für den Selbstaufbau sehr
praktische und leicht zu hand-
habende Möglichkeit stellen **Alu-
minium-Fundamente** dar, mit
denen manche Hersteller von
Selbstbau-Glashäusern ihre Bau-
sätze versehen. Diese Fundamente sind mit Verankerungsele-
menten einfach in den Boden
einzuschlagen.

2 **Betonfundamente** sind zwar in der Erstellung meist recht aufwendig und arbeitsintensiv, für größere Glasbauten aber aus Stabilitätsgründen unumgänglich.

3 **Punktfundamente** bestehen aus einzelnen Betonsockeln, die in Anzahl und Lage entsprechend zu den benötigten Stützen gebaut werden.

Oft ist es sinnvoll, gleich die entsprechenden Bodenanker für die Befestigung der Stützen miteinzubetonieren. Als Mindestgröße können etwa 40 cm Kantenlänge gelten.

4 Beim **Streifenfundament** orientieren Sie sich bei den Abmessungen an der Länge und Breite der Außenwände des zu tragenden Glasanbaus. Die Maße können Sie dem zugehörigen Fundamentplan entnehmen.

5 Eine **Fundamentbetonplatte** findet meist nur bei Wintergärten Verwendung, die zu Wohnzwecken genutzt werden. **Zur Armierung** werden **Baustahlmatten** eingebettet. Die Lagenstärke sollte mindestens 15 cm betra-

4

5

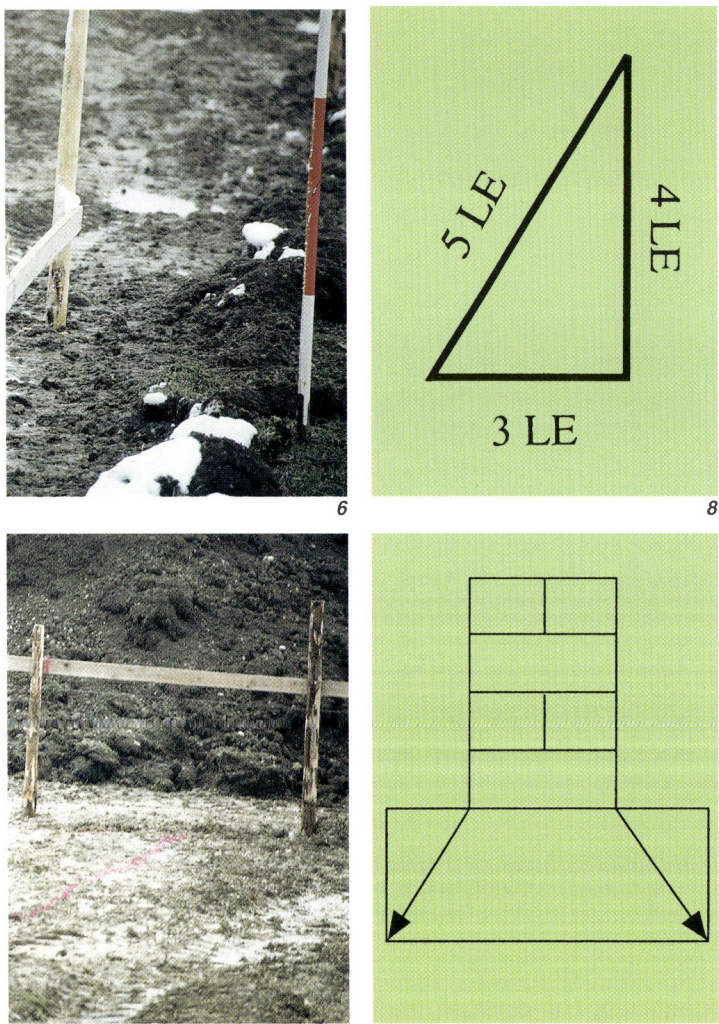

6

8

7

9

gen. Die exakten Angaben zu den Plattenabmessungen und der Qualität der verwendeten Baustoffe hängen vom Gesamtbauwerk ab.

6 Voraussetzung für die Herstellung eines Fundaments ist das Einmessen der korrekten Lage. Dies geschieht mit einem **Schnurgerüst**, das mit Hilfe von Holzpflöcken zu errichten ist.

7 Bei Streifenfundamenten oder Fundamentplatten werden diese etwa 1 bis 2 m vom späteren Fundamentbereich entfernt eingeschlagen. Dazwischen spannen Sie jeweils eine Schnur, die die Fluchtlinie der Fundamentaußenkante festlegt. Eine Farbmarkierung am Boden erleichtert das Ausheben.

8 Die Rechtwinkligkeit überprüfen Sie mit einer diagonal gespannten Schnur, deren Länge sich nach nebenstehender Formel ergibt. Das Höhenniveau kontrollieren Sie mit einer Schlauchwaage.

9 Achten Sie darauf, daß die Wände für das **Fundament** senkrecht abgestochen werden.

10

11

12

Unten schmäler werdende Gräben gefährden die Standsicherheit. Das **Fundament** soll eine Tiefe von mindestens 80 bis 100 cm als Frostschutz haben. Sollte eine Sauberkeitsschicht aus Kies notwendig sein, muß der Graben entsprechend tiefer sein.

10 Nun können Sie die Verschalung herstellen. Soll das Fundament wärmegedämmt werden, können Sie dazu die PU-Dämmstoffplatten benutzen.

11 Vor dem Einlegen eventuell notwendiger Armierungen wird eine Plastikfolie als Feuchtigkeitssperre ausgelegt. Anschließend kann man den **Beton** eingießen. Dabei muß er immer wieder sorgfältig verdichtet werden. Bei kleineren Flächen kann dies mit einer Schaufel geschehen; für größere Flächen benutzen Sie einen Betonrüttler. Die Gerätschaften können Sie bei Ihrem Baustoffhändler gegen eine geringe Leihgebühr erhalten.

12 Abschließend ist die Oberfläche entlang der Verschalungskante abzuziehen und glattzustreichen.

Profitip

Denken Sie daran, daß vor dem weiteren Aufbau des Wintergartens das Fundament gut aushärten muß. In dieser Trockenphase ist es vor Sonne zu schützen.

Betonieren

Ob Sie einen Wintergarten zu Wohnzwecken errichten oder auch nur ein **Punktfundament** für ein kleines Gewächshaus benötigen, bei allen Arbeiten müssen Sie **betonieren**.

Im allgemeinen besteht der Baustoff »Beton« aus einer Mischung aus Zement, Wasser und Sand. Für besondere Anwendungsfälle können auch noch weitere Zusatzstoffe Verwendung finden.

Der Baustoffhandel hält entsprechendes Material bereit und berät Sie ausführlich.

1 Das Mischen der einzelnen Materialien zur Erstellung des Betons kann auf verschiedene Weise erfolgen.

Für geringe Mengen kommen Sie ohne den Einsatz von Maschinen aus. Es genügt, auf einer sauberen Fläche, z. B. einer Metallplatte oder in einer Mischwanne oder im Mörteleimer mit der Kelle, die entsprechenden Anteile Sand und Zement anzumischen. Ein häufig gebräuchliches Standardmischverhältnis ist 4 : 1. Mit einer Schaufel vermengen Sie Sand und Zement zuerst trocken, dann geben Sie schrittweise die entsprechende Menge Wasser dazu.

2 Größere Mengen Beton mischen Sie kräftesparender mit einer Betonmischmaschine.

Um möglichst rationell zu arbeiten, sollten Sie das benötigte Material wie Sand, Zement und einen Wasseranschluß in unmittelbarer Nähe der Maschine bereitstellen.

3 Werden große Mengen benötigt, lohnt es sich, in einer Wanne einen Wasservorrat zu schaffen, aus dem rasch mit dem Eimer geschöpft werden kann. Das Füllen der Betonmaschine mit einem Wasserschlauch wäre viel zu zeitraubend, außerdem läßt sich im Eimer der Anteil der Wassermenge besser einschätzen.

Ökotip

Lassen Sie die Betonmaschine nur laufen, wenn sie wirklich zum Mischen benötigt wird. Dauerlauf im Leerzustand oder zur Bereitstellung einer bereits fertigen Mischung benötigt viel Strom und produziert unnötigen Lärm.

4 Eine praktische Alternative zur herkömmlichen Herstellung von Beton durch Mischen von Sand und Zement sind gebrauchsfertige Mischungen, die sackweise verpackt sind und nur noch mit Wasser angerührt werden müssen. Größere Mengen, wie sie beispielsweise für Betonfundamente benötigt werden, lassen Sie besser als Frischbetonlieferung anfahren.

5 Zur Aufnahme der Betonmasse wird eine **Schalung** benötigt. Diese bestimmt gleichzeitig die Form des Bauteils nach dem Aushärten des Betons. Einfache Schalungen stellen Sie durch das Zusammenfügen von Holzbrettern selbst her. Mit Nägeln fixieren Sie die gewünschte Form. Stützen im Außenbereich dienen zur Stabilisierung beim Einfüllen des flüssigen Betons.

6 Geflechte aus Baustahlgitter im Innenbereich der Schalung dienen zur **Armierung** tragender Teile des Betonbauwerks.
Für geringe Belastungen genügt das Auflegen einer einzelnen Lage Baustahlgitters. Anschließend kann der Beton eingefüllt werden.

4

6

5

7

8

9

10

7 Wichtig ist, daß der **Beton** immer gleichmäßig verteilt und dabei möglichst auch verdichtet wird. Im kleinen Bereich läßt sich dies einfach mit einer Schaufel bewerkstelligen. Größere Betonflächen müssen mit einem kompressorbetriebenen Vibrator verdichtet werden.

8 Den Abschluß der Arbeit bildet das Glattziehen der Oberfläche mit einer Glättkelle.

9 Große Flächen bearbeiten Sie mit einer Abziehlatte. Dabei führen Sie diese im Zickzack über den Beton. Ideal ist es, wenn Sie eine Schalungskante als Anschlag für das Höhenniveau nutzen können.

Sicherheitstip

Beton hat eine hautreizende Wirkung. Vermeiden Sie daher möglichst direkten Hautkontakt über längere Zeit. Sollten Sie von der Betonmischung etwas ins Auge gebracht haben, spülen Sie es sofort mit etwas Wasser aus.

Ist die Oberfläche geglättet, muß der Beton mindestens einen Tag trocknen, bevor die Schalung entfernt werden darf. An heißen Sommertagen sollte die Fläche immer wieder mit Wasser berieselt werden, um ein vorzeitiges Austrocknen zu verhindern.

10 Vergessen Sie nicht, zum Schluß der Arbeit Betonmischer und Werkzeug gründlich mit Wasser zu reinigen. Eine spätere Entfernung von eingetrocknetem Beton kostet ungleich mehr Zeit und Mühe.

Holzverbindungen herstellen

Es gibt die unterschiedlichsten Arten, Holzverbindungen herzustellen. Hier sollen nur jene vorgestellt werden, die den verschiedenen Anforderungen an Haltbarkeit, Materialstärke und Ästhetik im Wintergarten- und Glashausbau genügen.

1 Verzapfungen nach Zimmermannsart gehören wohl zu den ältesten Holzverbindungsarten; sie sind optisch ansprechend, besitzen hohe Stabilität, sind aber in der Herstellung recht arbeitsaufwendig. Die Verzapfung wendet man hauptsächlich zur Verbindung von rechteckigen Balken und Kanthölzern an.

2 Nach dem Anreißen der Aufnahmeöffnung für den Zapfen bohren Sie mit einer Bohrmaschine innerhalb der Markierung ein Loch neben dem anderen.

3 Nun können Sie mit einem Stechbeitel das innere Holzstück ausstechen und die Stege zwischen den Bohrlöchern grob verglätten.

4 Eine weitere Glättung der Innenkanten erfolgt dann mit einer Holzraspel. Mit ihr können

1

2

3

4

5

7

Sie auch die durch die Bohrung entstandenen Ecken als Winkel ausfeilen.

5 In einem nächsten Schritt muß der Zapfen entlang des aufgezeichneten Risses mit einer Säge ausgeschnitten werden.

6 Anschließend können Sie mit einer Raspel noch etwas nacharbeiten und die Ecken abrunden.

7 Nach einem Probeeinpassen tragen Sie den Kleber auf und setzen die Zapfen ein. Beim Einpassen können Sie notfalls mit leichten Hammerschlägen etwas nachhelfen.

8 Wird das Verzapfen hauptsächlich für die Verbindung von rechteckigen Balken und Kanthölzern verwendet, so werden flachere Holzwerkstücke durch eine **Überblattung** miteinander verbunden.

Dazu sägen Sie die zueinander gehörigen Holzteile soweit aus, daß sie bündig ineinanderpassen. Um die Arbeit zu erleichtern, reißen Sie zuvor die Breite und Stärke der abzutrennenden Teile mit dem Bleistift an.

6

8

9 Für exakte Schnitte eignet sich die Verwendung von Gehrungslade und -säge.

10 Zum Schluß tragen Sie den Kleber auf und pressen anschließend mit einer Schraubzwinge die beiden Werkstücke zusammen.

11 Eine weitere Möglichkeit einer optisch reizvollen Holzverbindung bildet das **Einkerben**. Die Verbindungsbereiche werden dabei durch einen aufnehmenden Schlitz und den zugehörigen Zapfen gebildet. Der Zapfen entsteht, indem Sie die äußeren Holzteile absägen. Für den Schlitz müssen Sie noch nach dem Aussägen der beiden Seitenlinien das Mittelstück mit einem Stechbeitel ausstemmen. Notfalls können Sie noch mit einer Raspel die Fußleisten nacharbeiten.

Sicherheitstip

Im Umgang mit elektrischen Sägen sollten Sie immer die gängigen Sicherheitsvorschriften beachten. Informationen über Arbeitsgemeinschaft der Bau-Berufsgenossenschaft, An der Festeburg 27–29, 60389 Frankfurt.

9

10

11

Glas schneiden und einkitten

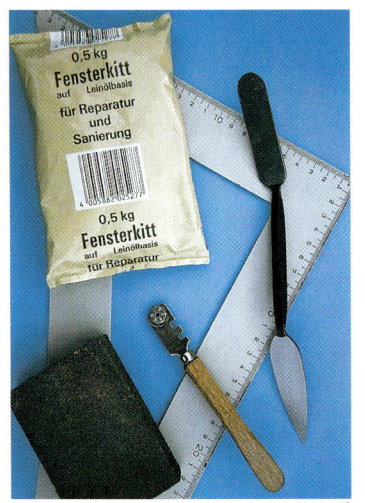

1

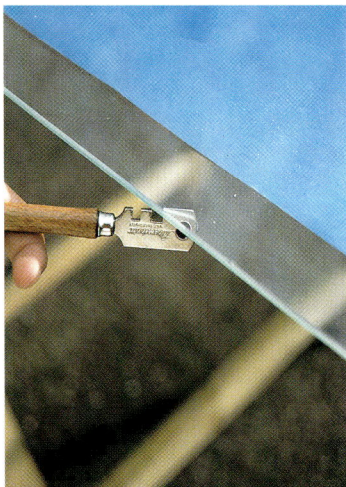

3

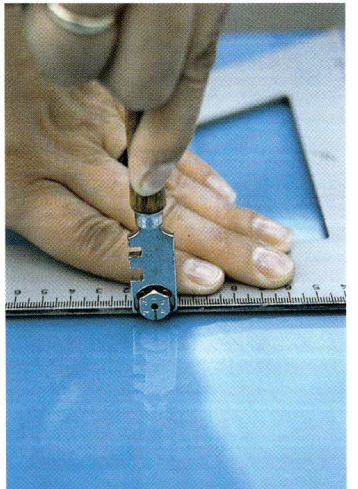

2

4

Normales Fensterglas in der Standardstärke von 4 mm wird heute vorwiegend nur noch in unbeheizten Gewächshäusern verwendet. Wenn Sie es beim Glaser kaufen, lohnt sich das eigene Zuschneiden kaum, da Sie es dort nach Ihren Angaben zugeschnitten erhalten. Häufig bieten Baumärkte aber auch weniger plan geschliffene und deshalb preisgünstigere Glasscheiben an.

Sicherheitstip
Glasscheiben mit ungeschliffenen Kanten sollten mit Arbeitshandschuhen getragen werden.

1 Für die Verglasung benötigen Sie lediglich eine geeignete Anschlagleiste aus Metall oder Holz, ein Metermaß und einen Glasschneider; zum Einkitten brauchen Sie neben Fensterkitt noch ein Kittmesser und Schleifpapier. Zur Bearbeitung legen Sie die Glasscheibe auf eine ausreichend große und möglichst ebene Fläche, z. B. Tischplatte, die Sie mit Zeitungspapier bedecken.

2 Jetzt legen Sie die Anschlagleiste als Führungsschiene so auf die Glasplatte, daß der Diamant des Glasschneiders genau auf der geplanten Schnittlinie ruht. Wichtig ist, daß Sie den Schnitt gleichmäßig und in einem Zug von einer Kante zur anderen durchführen. Halten Sie dabei den Glasschneider senkrecht und achten Sie darauf, daß ein knirschendes Geräusch zu hören ist, denn nur dann schneidet der Diamant die Kerbe, die später als Sollbruchstelle dient.

3 Um einen exakten Bruch zu gewährleisten, klopfen Sie mit dem Metallteil des Glasschneiders an der Unterseite der Schnittkerbe entlang.

Jetzt können Sie das überflüssige Glasteil mit einem Ruck entlang der Kerbe über die Tischkante abbrechen.

Ökotip

Fallen größere Mengen an Bruchglas an, sollte dieses dem Glasrecycling zugeführt werden. Fragen Sie bei Ihrem zuständigen Abfallamt nach, wo Sie Flachglas abgeben können. Vorsicht: Flaschencontainer sind nur für Hohlglas geeignet!

Wenn es sich nur um einen schmalen Glasstreifen handelt, benutzen Sie dazu die am Glasschneider vorgesehenen Kerben als Hebel.

4 Die Abschlußarbeit besteht im Entschärfen und Glätten der Schnittkante. Dies geschieht mit einem feinkörnigen Schleifpapier.

Handelt es sich beim Einsetzen der Scheibe um eine Reparaturverglasung, dann sollten Sie darauf achten, daß der Aufnahmebereich frei von alten Kittresten ist.

5

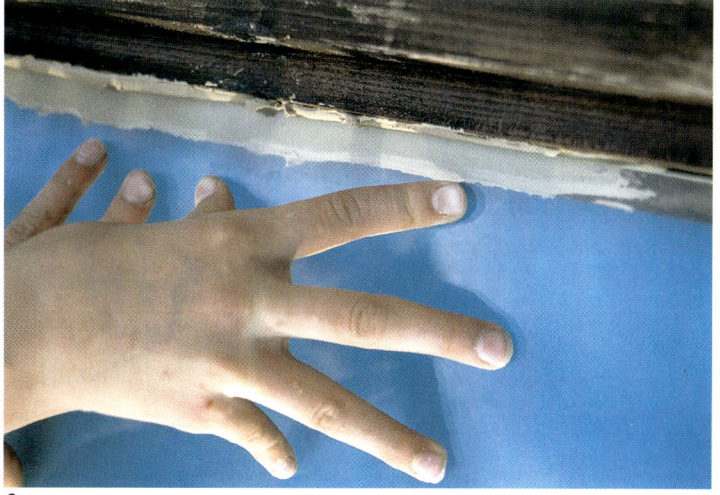

6

Überprüfen Sie dann durch loses Einlegen der Scheibe in den Fensterfalz, ob sie nach allen Seiten ausreichend Spiel besitzt. Ringsum müssen mindestens 2 mm Abstand zur Rahmenkante vorhanden sein.

5 Nachdem Sie den Fensterkitt einige Minuten weichgeknetet haben, drücken Sie ihn mit dem Daumen in den Fensterfalz.

6 Anschließend legen Sie die Scheibe in dieses Kittbett und drücken sie soweit ein, daß die Kittschicht darunter etwa 2 mm dick ist. Der herausquellende Kitt an der Unterseite kann mit dem Kittmesser abgezogen werden.

7 Im nächsten Schritt ist die Scheibe an der Oberseite mit Glaserstiften zu fixieren. Schlagen Sie die Stifte so weit ein, daß einerseits die Scheibe sicher gehalten wird, andererseits die Stifte aber auch vollständig vom späteren Kittbett verdeckt werden.

8 Zum Schluß wird der Bereich zwischen Scheibe und Falz mit Kitt ausgefüllt und mit dem Kittmesser abgeschrägt.

Plexiglas bearbeiten

Plexiglas läßt sich mit einer Heimwerkerausrüstung relativ einfach bearbeiten. Um jedoch wirklich saubere Ergebnisse zu erzielen, müssen einige Punkte beachtet werden:

1 Arbeiten an Plexiglasscheiben sollten grundsätzlich nur ausgeführt werden, solange noch die werkseitig angebrachte Schutzfolie vorhanden ist.

Dies gilt besonders für Sägearbeiten, bei denen durch das Führen des Elektrowerkzeugs auf ungeschützten Plexiglasflächen Schleifspuren hervorgerufen werden können, die nicht mehr zu beseitigen sind. Das Anreißen von Trennlinien geschieht am sinnvollsten mit einem Filzstift auf der Schutzfolie.

2 Für den Zuschnitt eignen sich hochtourige Kreissägen mit ungeschränktem Hartmetall-Vielzahnsägeblatt. Für saubere und exakte Schnittkanten ist zu beachten, daß eine einwandfreie Führung vorhanden ist. So darf das Sägeblatt nur wenig über die Plexiglasplatte hinausragen und das Schnittstück keinesfalls flattern.

1

2

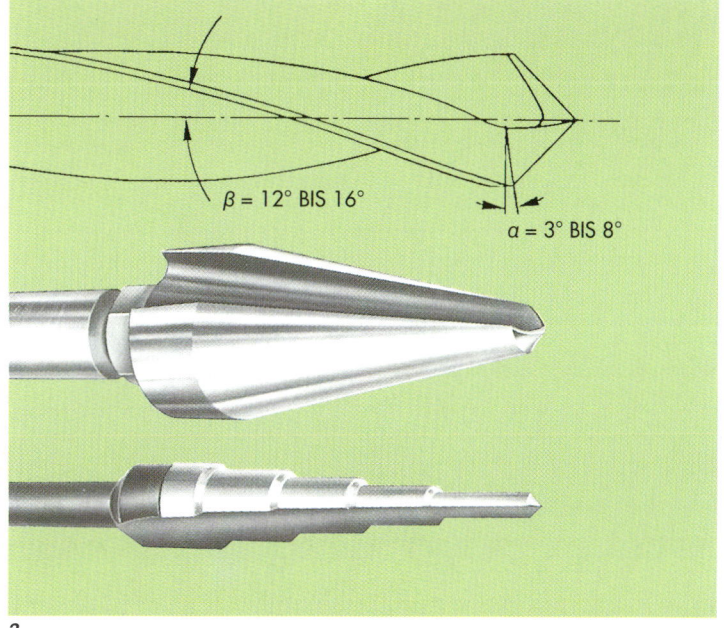

$\beta = 12°$ BIS $16°$

$\alpha = 3°$ BIS $8°$

3

Grundkurs: Plexiglas bearbeiten

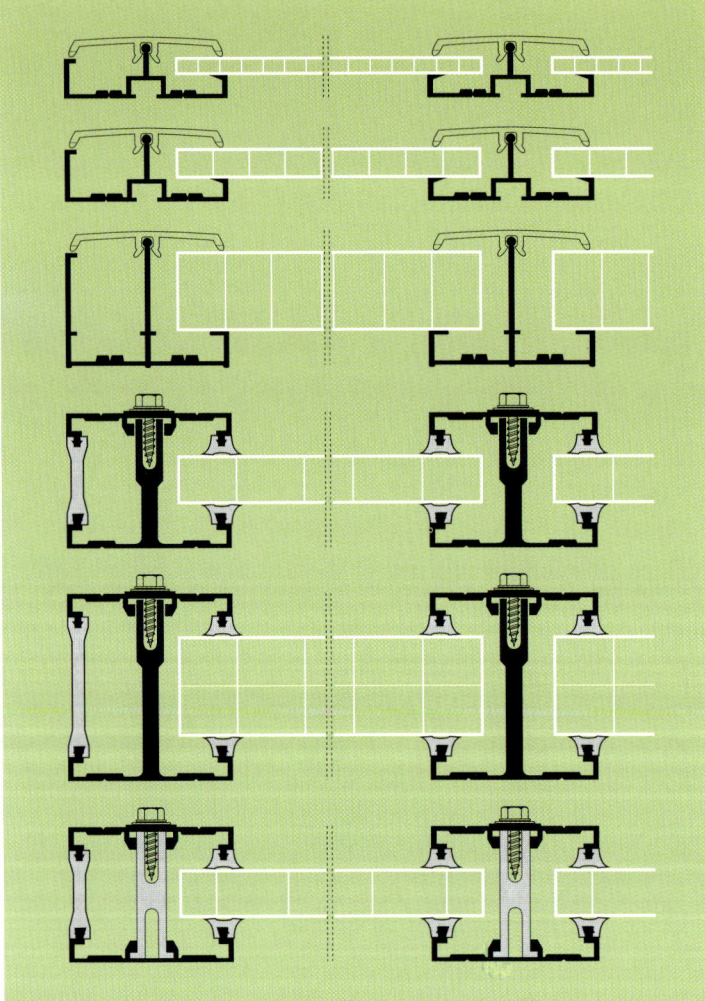

4

Sicherheitstip
Um Kernspannungsbruch zu vermeiden, sollte niemals eine Linie mit spitzen Gegenständen (Reißnagel etc.) angezeichnet werden.

Nach dem Sägen kann das Werkstück mit einer Feile entgratet werden. Die in die Hohlräume eingedrungenen Späne blasen Sie mit Druckluft heraus.

3 Sollten Sie dennoch Plexiglas anbohren müssen – z. B. beim Vorbohren von Eckaussparungen –, so geschieht das am besten mit Kegel-, Stufen- oder handelsüblichen Spiralbohrern, die mit einem plexiglasgeeigneten Anschliff versehen sind.

4 Normalerweise wird Plexiglas jedoch mit entsprechenden Klemmprofilen montiert, die ein Bohren überflüssig machen.

Profitip
Plexiglasplatten dürfen im Außenbereich nur mit weißer Polyethylen-(PE)folie abgedeckt gelagert werden.

Verglasung mit Profilen

Gerade bei der **Dachverglasung** von Wintergarten oder Gewächshaus müssen Sie bei der Lagerung, Dichtung und Befestigung der Scheiben besonders sorgfältig arbeiten:

1 Im Gegensatz zur Senkrechtverglasung werden bei der Dachverglasung die Scheiben nicht auf ihren Kanten stehend montiert, sondern sie ruhen liegend auf den Lagersparren. Die Dichtbänder übernehmen hier die abstandhaltende Tragefunktion.

2 Zur Befestigung der Glasplatten dienen Halteleisten, die so angeordnet sind, daß sie den Stoß überdecken. Befestigt werden sie mit Schrauben, die im Sparren verankert sind. Diese Halteleisten dienen neben der Befestigung auch noch der Abdichtung.

Dazu ist – je nach Hersteller – entweder ein Dichtband oder ein Dichtprofil vorgesehen. Wenn Sie ein **Dichtband** verwenden, müssen Sie den Außenbereich mit dauerelastischer Silikon-Dichtungsmasse versiegeln.
Die (helle) Abdeckleiste muß unbedingt die volle Breite des darunterliegenden Sparrens abdecken.

Denn der dunkle Untergrund des Sparrenmaterials würde durch Sonneneinstrahlung zu einer Überhitzung des Glases führen. Auch hier wären Verspannungen die Folge, die im Extremfall die Scheiben zerspringen ließen.

Setzen Sie an den Ecksparren eine Abstandsleiste ein, die die fehlende Glasscheibe ersetzt. Nur so ist es möglich, eine waagrechte Abdeckleiste zu montieren.

3 **Isoliergläser** für die Dacheindeckung werden nur bis etwa 3 m Länge hergestellt. Die Verbindung bei der Verlängerung geschieht am besten mit einer etwa 5 mm breiten Fuge aus Silikon-Dichtungsmasse. Die aufliegenden Teile des Verbundglases sind mit einem Aluminiumstreifen überdeckt, damit sich diese Stellen nicht zu stark aufheizen.

4 Bei normalen **Verbundgläsern** ist zu beachten, daß sie wegen der unterschiedlichen Temperaturbelastung von innen und außen nicht zu weit über die Traufe hinausragen dürfen.

5 Beim Anschluß des Wintergartens an die Hauswand müssen Sie

Sicherheitstip

Bei Arbeiten auf dem Dach Ihres Wintergartens oder Gewächshauses, z. B. wenn Sie die Verglasung montieren, müssen Sie sich – am besten von einem Helfer – sichern lassen.
Tragen Sie auf jeden Fall Schuhe mit fester, rutschsicherer Profilsohle. Für diese Arbeiten sollten Sie – je nach Höhe des Daches – neben einer Trittsicherung zusätzlich auch eine Fangeinrichtung anbringen. Besorgen Sie sich dazu das Merkblatt »Arbeiten auf dem Dach«.

eine Deckleiste oder ein -blech anbringen. Dadurch wird verhindert, daß herablaufendes Regenwasser in den Aufnahmefalz der Scheiben eindringt. Sinnvollerweise wird diese Abdeckung an der Hauswand befestigt, damit die Dichtigkeit auch dann erhalten bleibt, wenn sich das Glas bei Wärme ausdehnt.

Die Fugen zwischen Wand und Abdeckkante müssen Sie mit elastischer Dichtmasse (Silikon- oder Acrylmasse aus der Kartusche) satt ausfüllen.

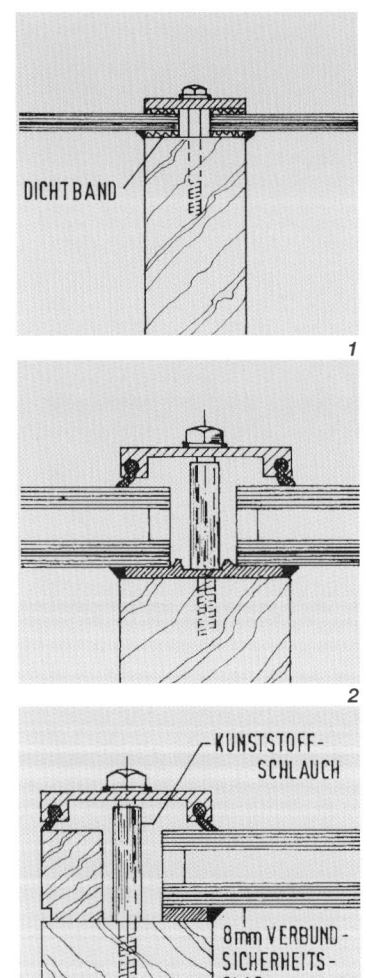

1

DICHTBAND

2

KUNSTSTOFF-
SCHLAUCH

8mm VERBUND-
SICHERHEITS-
GLAS

3

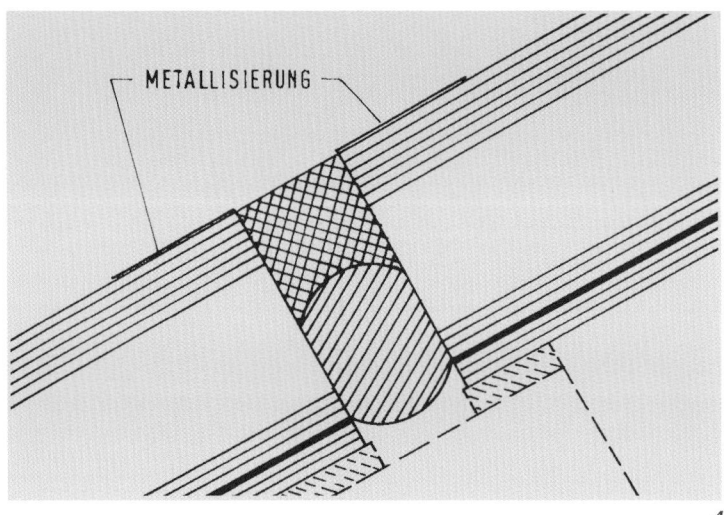

METALLISIERUNG

4

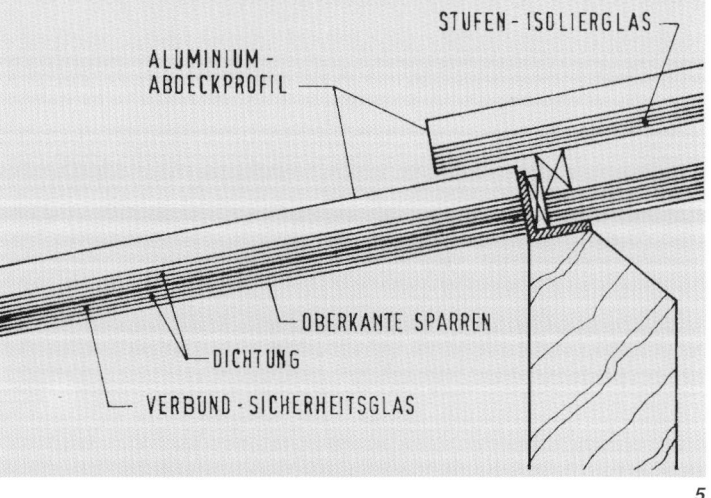

STUFEN-ISOLIERGLAS

ALUMINIUM-
ABDECKPROFIL

OBERKANTE SPARREN

DICHTUNG

VERBUND-SICHERHEITSGLAS

5

Ein Gewächshaus errichten

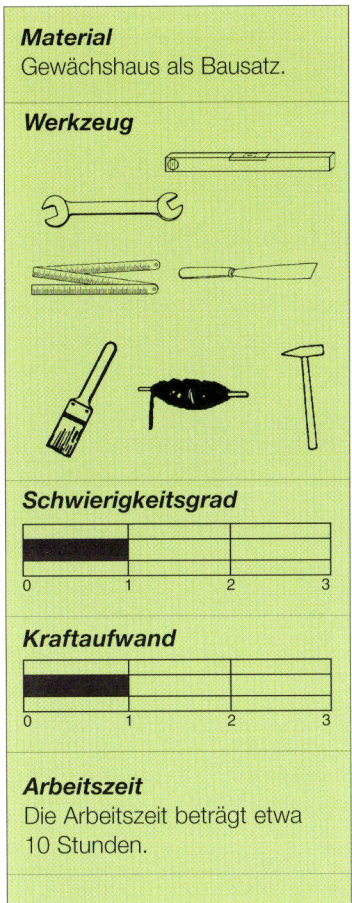

Material
Gewächshaus als Bausatz.

Werkzeug

Schwierigkeitsgrad

0	1	2	3

Kraftaufwand

0	1	2	3

Arbeitszeit
Die Arbeitszeit beträgt etwa 10 Stunden.

Ersparnis
Durch Eigenleistung sparen Sie rund 200 bis 300 DM.

Gewächshäuser für den Hobby-Gartenbau werden von zahlreichen Firmen als Selbstbausatz angeboten.

Das Tragegerüst besteht dabei meist aus vorgefertigten Aluminiumprofilen, die Verglasung aus Stegdoppelplatten. Die Montage dieser Bausatz-Gewächshäuser ist auch für den weniger versierten Heimwerker meist ohne große Komplikationen auszuführen. Die folgende Arbeitsanleitung zeigt Ihnen typische Montageschritte.

Profitip
Prüfen Sie bei der Lieferung eines Bausatzes immer zuerst die Vollständigkeit anhand der beiliegenden Teilliste. Achten Sie auch darauf, ob alle Teile in Ordnung sind.

1 Die eigentliche Montagearbeit beginnt mit dem Aufbau der einzelnen Wandteile, den beiden Giebel- und den Seitenwandflächen. Legen Sie sich dazu am besten die notwendigen Profile, Stegplatten, Dicht- und Befestigungsteile in getrennten Bündeln auf dem Boden zusammen.

1

Beginnen Sie dann mit dem Zusammensetzen der Seitenteile.

Zum Erkennen der benötigten Profilteile benutzen Sie die Profilzeichnungen der jeweils beiliegenden Aufbauanleitungen. Bei größeren und robusteren Glashäusern wird häufig zuerst das gesamte Rahmengerüst zusammengefügt und dann am stehenden Rahmen eingeglast. Bei kleineren hingegen bilden Rahmenerstellung und Verglasung eine zusammengehörige Arbeitseinheit.

2   3

4

Dabei werden entlang des oberen und unteren Grundprofils die Stegdoppelplatten Stück für Stück in die Verglasungsprofile eingeschoben und dann mit Halteschrauben an den vorgebohrten Positionen fixiert. Das Einpassen der Stegdoppelplatten in die Aufnahmenut des Verglasungsprofils können Sie sich erleichtern, wenn Sie das aufgesteckte Dichtgummiprofil zuvor mit etwas Spülmittel bepinseln.

Ökotip

Schutzfolien, wie sie zum Montageschutz bei Plexiglasplatten fabrikmäßig aufgebracht werden, können Sie nach Gebrauch über die Wertstoffsammelstelle entsorgen.

2 Sollte die Gummilippe, die den Dichtschutz zwischen Scheibe und Aluminiumprofil gewährleistet, nicht exakt anliegen, können Sie hier mit einem Spachtel Ausgleich schaffen. Achten Sie aber darauf, daß Sie mit der Spachtelkante das Plexiglas nicht verkratzen oder gar Schnitte im Profilgummi verursachen.

3 Bei der Montage der Giebelseiten muß zuerst das Firstlager montiert werden. Verschrauben Sie dazu die seitlichen Dacheckprofile und das Mittelpfostenprofil mit der Giebelknotenplatte.

4 An der Türseite wird das Mittelprofil durch die beiden Türpfostenprofile und dem oberen Türbegrenzungsprofil ersetzt.

5 Nach dem Verglasen der Giebelwandseiten ist die Wandteilmontage im großen und ganzen beendet.

Vor dem Aufstellen müssen Sie nun den Fundamentrahmen setzen. Bei kleineren Gewächshäusern genügt es meist, die Fundamentanker in den Boden zu stoßen; größere Gewächshäuser benötigen zumindest ein Betonpunktfundament. Bedenken Sie, daß für eine problemlose Montage der Wandteile das Fundament waagrecht und rechtwinklig sein muß. Nutzen Sie deshalb für die Bodenankermontage die Meß- und Prüfmethoden (vgl. »Fundamente errichten«, ab Seite 36).

Sind die Bodenanker fixiert und die Bodenprofile montiert, können Sie die Giebelwände aufstellen. Für diese Arbeit sollten

5

6

7

Sie möglichst zwei Helfer hinzuziehen.

6 Jetzt können Sie das Giebel-profil an den dafür vorgesehenen Montagelöchern der Giebelkno-tenplatte fixieren. Achten Sie vorm Verschrauben darauf, daß die Giebelwände im Lot sind und das Giebelprofil waagrecht verläuft.

7 Ist das Dachprofil verschraubt, können Sie den Bau mit diagonal gespannten Halteschnüren si-chern, die Sie z. B. mit einfachen Zeltheringen im Boden veran-kern. Dies gibt Ihnen die Mög-lichkeit, den weiteren Aufbau problemlos auszuführen.

8 Im nächsten Schritt werden die Seitenwände angesetzt und an den entsprechenden Haltepunk-ten verschraubt.

9 Anschließend setzen Sie auch noch die Eckscheiben ein. Bei der Montage der Dachflächen verfahren Sie genauso. Zum Schluß hängen Sie einfach die Schiebetür in die Laufschiene ein und ziehen die Schutzfolie ab. Damit ist der Aufbau Ihres Ge-wächshauses beendet.

8

9

Einen Wintergarten mit Aluprofilen errichten

Material
Komplettbausatz (inkl. Befestigungs- und Dichtmaterial), der nach eigenen Maßgaben vom Hersteller angefertigt wird.

Werkzeug

Schwierigkeitsgrad

0	1	2	3

Kraftaufwand

0	1	2	3

Arbeitszeit
Mit 2 Personen benötigen Sie ungefähr 2 Tage.

Ersparnis
Durch Eigenleistung sparen Sie etwa 2 000 DM.

Der folgende Wintergartenanbau soll den bisher als Terrasse genutzten Bereich zum wettergeschützten Freizeitraum umfunktionieren und auch im Winter ohne zusätzlichen Heizungsaufwand zur Verfügung stehen.

Aus diesem Grund besteht die Grundkonstruktion aus thermisch getrennten Aluprofilen, und für die Verglasung werden Isolierglasscheiben verwendet.

Zusätzlich wird im Dachbereich Sicherheitsglas verwendet, das im Falle eines Bruchs nicht zersplittert.

Die Planung und die maßgenaue Herstellung der benötigten Profilteile sollten durch einen Fachbetrieb für Wintergärten erfolgen. Die Montage können Sie selbst vornehmen.

1 Voraussetzung für die Standsicherheit ist wie bei allen Wintergärten ein ausreichend tragfähiges Fundament. Die vorhandene Terrasse samt Sockel bereitet hier keine Probleme; sie sind so dimensioniert, daß sie für den geplanten Anbau statisch geeignet erscheinen.

1

2

3

4

Bevor Sie mit der eigentlichen Arbeit beginnen, sollten Sie alle benötigten Profile und Profilelemente übersichtlich und nach Funktion (z. B. Bodenprofile, Pfostenprofile etc.) geordnet bereitlegen. Dieses Vorsortieren ermöglicht zügiges Arbeiten und erlaubt einen Überblick über das benötigte Material zu den einzelnen Arbeitsschritten.

Den Bauplänen entnehmen Sie die exakten Maße für die verschiedenen Montagepositionen.

2 Nun montieren Sie die Bodenprofile. Hierfür übertragen Sie die Maße des Montageplans auf die baulichen Gegebenheiten und markieren die entsprechenden Positionen. Überprüfen Sie am besten durch provisorisches Anlegen der Profilteile die Stimmigkeit der gekennzeichneten Lagen.

3 Entsprechend der Lagemarkierung der Bodenprofile können Sie nun an der Sockeloberseite ein selbstklebendes Aluminiumband fixieren, das als isolierende Auflagefläche für die Aluprofile dient.

Legen Sie dann die Bodenprofile auf und überprüfen Sie mit einer Wasserwaage die exakte waagrechte Ausrichtung. Abweichungen müssen Sie bei der Fixierung mit Unterlegkeilen ausgleichen.

4 Der Anschluß an die Gebäudeaußenmauer erfolgt mit dem oberen Wandanschlußprofil. Die exakte Höhenlage ermitteln Sie am besten dadurch, daß Sie eine Wintergartenseitenwand provisorisch ansetzen und den Oberkantenabschluß an der Wand markieren. Achten Sie dabei darauf, daß das Wandelement wirklich senkrecht steht, um unkorrekte Abweichungen im Längenmaß zu verhindern.

Muß wegen bereits vorhandener Unebenheiten ein Ausgleich erfolgen, können Sie hierfür Holzleimbinder verwenden. Sie garantieren im Vergleich zu Vollholzkonstruktionen eine sicherere Formstabilität und sind letztlich einfacher zu bearbeiten als Abstandhalter aus Metall.

Wenn Sie vor dem Andübeln die Rückseite mit Dichtungsmasse bestreichen, ergibt sich beim Festziehen der Schrauben eine Feuchtigkeitssperre zwischen

Wand und Balken. Ausquellende Dichtmasse im Fugenbereich entfernen Sie mit einer gerundeten Spachtelklinge, so daß ein kehlförmiger Übergang entsteht.

5 Auf das angedübelte Nivellierungsholz können Sie nun das obere Wandanschlußprofil anschrauben. Beschränken Sie sich dabei vorerst aber auf ein bis zwei Schrauben, die Sie möglichst mittig ansetzen. Dies ermöglicht Ihnen notfalls leichte Korrekturen. Beginnen Sie mit dem Einpassen am besten bei der seitlich abschließenden Außenwand. Ist der Anschluß paßgenau ausgeführt, fixieren Sie das obere Wandanschlußprofil in den direkt angrenzenden Bohrungen. So vermeiden Sie, daß die ganze Konstruktion instabil wird, haben aber für die noch zu montierenden Stützstreben weiterhin ausreichend Bewegungsspielraum.

6 Für die Montage der Stützstreben müssen diese zuerst aus den vorhandenen Profilen zusammengesetzt werden. Dies geschieht einfach durch das Ineinanderschieben der dafür vorgesehenen Führungselemen-

te. Vor dem endgültigen Einpassen füllen Sie die Anschlußnut mit Dichtmasse aus.

Jetzt können Sie die Stützpfosten am oberen Wandanschlußprofil befestigen. Im Bereich des Durchgangs muß dabei gleichzeitig das Einpassen an die Bodenprofile des Sockels erfolgen.

7 Erst nach dem Einpassen werden die Bodenprofile mit Dübel und Schrauben im Fundament verankert. Die Bohrungen dazu setzen Sie in der Innennut des Bodenprofils.

Auch nur partiell vorhandene Unebenheiten im Fundamentbereich müssen umbedingt durch Unterlegekeile ausgeglichen werden, um eine sichere Verankerung des tragenden Wintergartengerüsts im Bodenprofil zu gewährleisten.

8 Füllen Sie auch die Anschlußkanten des Bodenprofils sorgfältig mit Dichtungsmasse aus.

9 Ist das Grundgerüst fertig erstellt und fixiert, können Sie damit beginnen, Türrahmen und Türblatt einzusetzen. Die Fixie-

5

6

7

8

rung erfolgt durch die Verschraubung der systemspezifisch dafür vorgesehenen Halteelemente.

In gleicher Weise verfahren Sie mit den Fensterelementen. Sind diese eingesetzt, kann mit der Verglasung des Anbaus begonnen werden.

10 Da es sich um ein Trockenverglasungssystem mit eingepaßten Profilgummidichtungen handelt, kann auf Dichtmasse verzichtet werden. Es genügt, die von Herstellerseite maßgenau dimensionierten Isolierglasscheiben so einzusetzen, daß auf beiden Seiten ein gleichmäßiger Abstand zum vertikal angrenzenden Rahmenprofil eingehalten wird. Die horizontale Einjustierung erfolgt durch entsprechend starke Unterlegkeile, die als Auflager für die Isolierglasscheiben dienen.

Mit den mitgelieferten Halteprofilplättchen sichern Sie die Isolierglasscheiben vor dem Herausfallen. Gleichzeitig dienen diese zur Aufnahme und Fixierung der äußeren Verblendungsprofile, die mit ihren innenliegenden Gummilippen außerdem die

Außenabdichtung bewerkstelligen.

Auch bei der Dachverglasung sind entsprechende Seitenabstände zu den angrenzenden Rahmenprofilen einzuhalten. Die Lagerkeile an der Scheibenunterseite können dagegen entfallen, da die Scheibe insgesamt auf den Dichtprofilen der Dachprofile aufliegt.

Profitip

Achten Sie darauf, daß die Sicherheitsglasscheiben der Verbundverglasung zur Rauminnenseite gewandt sind.

11 Sind alle Bereiche verglast, können Sie die Verblendungsprofile um die Glasscheiben montieren und die Frontverkleidung am oberen Abschlußprofil verschrauben.

In einem letzten Arbeitsschritt wird die systemspezifische Dachrinne zusammen mit dem Abflußrohr angebracht.

Besteht die Möglichkeit, den Auslauf an einen vorhandenen

9

10

Oberflächenwasserkanal anzuschließen, können Sie diese wahrnehmen. Ansonsten kann auch die Versickerung auf dem eigenen Grundstück in Betracht gezogen werden. Dazu benötigen Sie eine ausreichend tiefe Kiesschicht und einen entsprechenden Einlaßbereich. Eventuell läßt sich auch eine Regentonne mit dem abfließenden Regenwasser füllen.

Abschließend bleibt nur noch, den neu gewonnenen Freizeitraum einzurichten und den Aufenthalt darin zu genießen.

11

Terrasse als Wintergarten umbauen

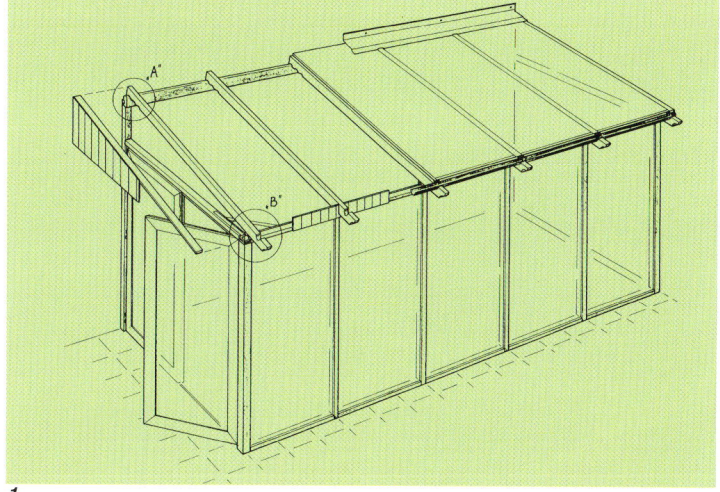

1

Material
Bausatz (inkl. aller benötigten Materialien), Holzleim, Mauerdichtmasse.

Werkzeug

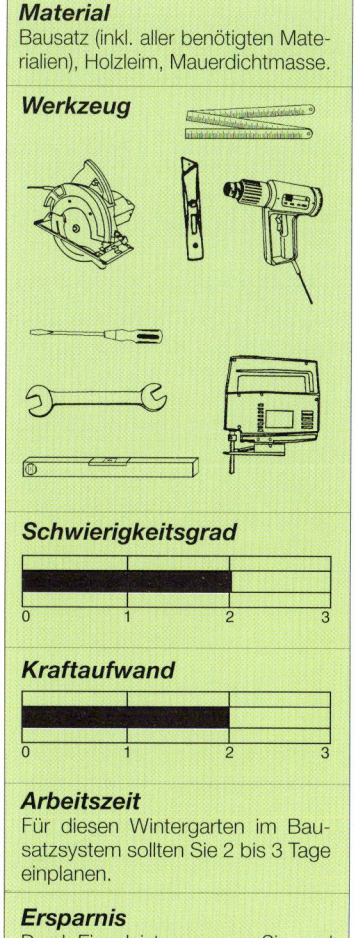

Schwierigkeitsgrad

0	1	2	3

Kraftaufwand

0	1	2	3

Arbeitszeit
Für diesen Wintergarten im Bausatzsystem sollten Sie 2 bis 3 Tage einplanen.

Ersparnis
Durch Eigenleistung sparen Sie rund 2 000 Mark.

Wintergärten in Bausatzausführung haben den großen Vorteil, daß sie als Komplettpaket inklusive aller benötigten Materialien und Befestigungsteile direkt an den gewünschten Platz bzw. zur Baustelle angeliefert werden. Um sicher zu gehen, daß die Lieferung vollständig und unversehrt ist, sollten Sie die Sendung anhand der Lieferliste umgehend kontrollieren.

1 Einen Überblick über die notwendigen Arbeiten ermöglicht die abgebildete Konstruktionszeichnung.

2 Der Aufbau des Wintergartens soll in diesem Beispiel auf einer bereits vorhandenen Terrasse erfolgen. Grundsätzlich ist dabei zu beachten, daß ein ausreichend sicheres Fundament vorhanden ist. Nur in einem Kiesbett verlegte Bodenplatten sind nicht geeignet. Zur Aufnahme der Stützpfeiler benötigen Sie zumindest ein frostfrei gegründetes **Streifenfundament** oder eine armierte Fundamentplatte.

3 In einem ersten Schritt längen Sie die Wandpfosten entsprechend der vorhandenen bauli-

2

4

3

5

chen Gegebenheiten ab. Dies muß am unteren Ende geschehen; die vorgegebenen Bohrungen für die Verbindung mit den Seitenpfetten müssen erhalten bleiben.

4 In die Bohrungen stecken Sie die Schrauben, die in die Gewindebuchsen an den Stirnseiten der Platten eingeschraubt werden. Zum Festziehen benötigen Sie einen Inbusschlüssel. Achten Sie beim Zusammensetzen darauf, daß die Sichtseite zur Rauminnenseite schauen muß. Zusätzliche Stabilität erhalten Sie, wenn Sie die Paßstellen mit Holzleim verkleben.

Profitip
Die Ermittlung des rechten Winkels läßt sich sehr einfach über die Formel 3 - 4 - 5 erreichen. Wenn die erste Wandseite 3 und die zweite 4 m lang ist, muß die Diagonale dazwischen 5 m betragen.

5 Im nächsten Schritt werden die Eck- und Mittelpfosten gesetzt. Markieren Sie zuerst die Fluchtlinien der Außenwände und die Ankerpositionen für die Dübelbohrungen. Achten Sie dabei sorgfältig auf rechte Winkel, da diese die Voraussetzung für das paßgenaue Einsetzen der Seitenteile und Fensterflächen bilden. Die Anwendung der Winkelformel und die Überprüfung der Diagonallängen garantieren Ihnen ein genaues Ergebnis.

Zum Setzen der Bodenanker bohren Sie an der gekennzeichneten Position ein entsprechend tiefes Dübelloch. Einen sicheren Halt garantieren spezielle Reaktionsanker, die spreizdruckfrei eingebracht werden. Ihre Stabilität erhalten sie durch eine Mörtelpatrone mit Harzfüllung, die beim Eindrehen der Gewindestange zerbricht und im Dübelbereich nach einiger Zeit aushärtet. Der Arbeitsvorgang unterscheidet sich kaum vom üblichen Dübelsetzen. Wichtig ist nur, daß Sie nach dem Bohrvorgang das Bohrloch sorgfältig ausblasen. Anschließend stecken Sie die Mörtelpatrone vollständig in die Aufnahmebohrung und drehen die Gewindestange ein. Eine Kontermutter leistet hier gute Dienste.

Zum Schluß sichern Sie die Gewindestange noch, indem Sie

6

7

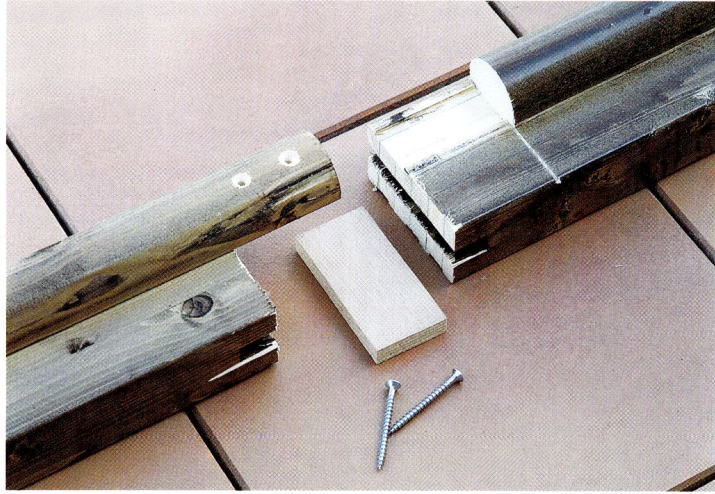

8

die Bodenmutter festziehen. Dies verhindert, daß der Holzpfosten direkt am Plattenboden anliegt. So entstehen keine schwer trocknenden Naßstellen.

Profitip
Beim Einschlagen der Bodenanker besteht die Gefahr, daß das Gewinde gestaucht wird und sich die Mutter nicht mehr aufdrehen läßt. Dies vermeiden Sie, indem Sie die Mutter bis zur oberen Gewindekante hochschrauben, und so gegen Stauchungen stabilisieren.

9 Nach etwa 15 Minuten ist die Harzfüllung ausgehärtet (beachten Sie die Angaben im Verarbeitungshinweis). Sie können dann die Gewindestange in die dafür vorgesehene Hülse in der unteren Stirnseite der Pfosten eindrehen.

6 Halten Sie in der Anfangsphase die Pfosten beim Eindrehen lotrecht und sichern Sie sie vor dem Umfallen, damit sich die Gewindestangen nicht verbiegen.

7 Achten Sie darauf, daß jeder Pfosten eine Innen- und eine Außenseite hat. Sind alle Pfosten

10

gesetzt und die Außenkanten in ihrer Fluchtlinie ausgerichtet, können Sie die benötigten Längen der Trauf- und Seitenpfetten ausmessen.

8 Muß die Traufpfette verlängert werden, so geschieht dies durch Verleimen des Federplättchens in den beiden Aufnahmenuten der Stoßstelle. Den Rundholzüberstand fixieren Sie mit Schrauben.

9 Nun können Sie das Ende der Traufpfette mit dem Ende der zuvor am Wandpfosten fixierten Seitenpfette verbinden. Zur Erleichterung legen Sie die gesamte Oberkonstruktion lose auf, bis Sie die Wandpfosten am Mauerwerk befestigt haben.

Achten Sie auch bei der Montage des Wandpfostens darauf, daß dieser Lotrecht steht. Notfalls gleichen Sie Wandunebenheiten durch Unterleghölzer aus. Die Zwischenräume füllen Sie mit elastischer Mauerdichtmasse aus.

10 Anschließend verschrauben Sie die Traufpfette mit den übrigen Pfosten.

11

12

13

14

11 Kontrollieren Sie während Ihrer Arbeit unbedingt immer wieder die Rechtwinkligkeit Ihrer Konstruktion, um rechtzeitig notwendige Korrekturen ausführen zu können. Die mitgelieferten Metallwinkel ermöglichen die rechtwinklige und stabile Fixierung im Eckbereich der Traufpfette.

12 Dies gilt auch für den Einbau der Bodenschwellen. Verwenden Sie zum Ausgleich von Unebenheiten auch hier notfalls Unterleghölzchen.

13 Die Fixierung erfolgt durch eine Schraubverbindung mit den Holzpfosten.

14 Die Grundkonstruktion schließen Sie ab, indem Sie den Wandhalter für das Sparrenauflager anbringen. Es dient mit seiner Rundung an der Oberseite einer sicheren Lagerung der Sparren.

15 Bevor Sie montieren können, müssen Sie entsprechende Befestigungslöcher bohren. Ihre Position sollte so gewählt werden, daß der Schraubdurchgang mittig zur aufnehmenden Pfette erfolgt.

15

17

16

18

16 Sie können dann die Pfetten an der Wand- und an der Pfetten-auflage festschrauben. Achten Sie dabei auf den vorgeschriebe-nen Zwischenabstand. Er ist durch die Breite der verwendeten Dachverglasung festgelegt.

Im Traufbereich muß zur sicheren Lagerung ein Zwischenholz bei-gelegt werden. Die Kehlung dient dabei zur Aufnahme der gerundeten Oberkante der Trauf-pfette.

17 Anschließend können Sie die Aluprofile für die Trockenvergla-sung der Stegdoppelplatten montieren. Richten Sie die Profile so aus, daß die Seitenkanten bündig zu den Sparren ab-schließen und die Unterkante mit der Glashalterung etwa 2 bis 3 cm in die Aufnahmekuhle für die Dachrinne ragt. Um ein Verkan-ten der Plexiglasscheiben beim Auflegen zu verhindern, müssen die Haltewinkel exakt in der Fluchtlinie ausgerichtet sein.

18 An den beiden Seitensparren werden die Auflagedichtungen der äußeren Profilhälften entfernt und statt dessen die vorgefer-tigten Blendleisten eingesetzt.

19

20

19 Nun ist die Voraussetzung für die Verglasung geschaffen.

20 Zuerst müssen Sie die Abschlußleisten auf die Enden der Stegdoppelplatten aufstecken. Arbeiten Sie vorsichtig, um Beschädigungen an den Plexiglaskanten zu vermeiden. Die Schutzfolie verhindert darüber hinaus Kratzer. Sie muß deshalb während der gesamten Montagezeit auf den Platten bleiben.

21 Die leichtgewichtigen Einzelplatten können mühelos von einer einzelnen Person in die Aluprofile eingepaßt werden. Dies sollte so geschehen, daß der Abstand der Plexiglasseitenkanten zu den Mittelstegen der Aluprofile auf beiden Seiten gleichmäßig ist.

22 Müssen Stegdoppelplatten betreten werden, darf dies nur über eine quergelegte Holzbohle erfolgen. Bei direktem Betreten besteht die Gefahr, daß das Plexiglas Sprünge und Risse erhält oder gar durchbricht.

23 Befestigung und gleichzeitige Abdichtung der aufgelegten Plexiglasscheiben erreichen Sie

21

22

durch das Eindrücken des Plastikdichtbands in die Aufnahmenut der Aluprofile. Diese Arbeit erscheint anfangs recht mühsam, ist aber nach kurzer Anlaufzeit zügig zu bewerkstelligen. Um das starre Dichtband flexibler zu machen, sollten Sie es vor der Bearbeitung erwärmen. Im Sommer genügt dazu ein sonniges Plätzchen, alternativ können Sie ein heißes Wasserbad benutzen.

Das Band sollte so weit wie möglich nach hinten umgebogen werden. Dadurch wird das innenliegende Federprofil des Dichtbands freigelegt. Es kann somit einfacher in die Nut des Aluprofils eingeführt werden. Den so verlegten Bereich klopfen Sie jeweils gleich im Anschluß mit einem Hammer nach. Hiermit verhindern Sie die Blasenbildung des Dichtbands, die entsteht, wenn die stufig ausgeformte Profilnase nicht vollständig in der Aufnahmenut einrastet. Ist das Dichtband komplett aufgezogen, schneiden Sie einen eventuell vorhandenen Überstand einfach mit einem Cuttermesser entlang des Glashaltewinkels ab.

23

25

24

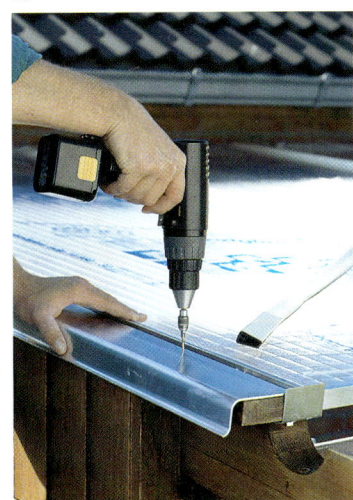

26

24 Nach der Dachverglasung können Sie die Seitenverkleidung anschrauben.

25 Die notwendigen Formteile für die Seitenverkleidung sägen Sie aus der mitgelieferten Blendholzplatte aus. Hierfür eignet sich ein Fuchsschwanz.

26 Anschließend wird das Seitendichtprofil im Endsparrenholz verschraubt.

27 Beim Montieren der Frontblenden muß an der Glasanschlußkante das beiliegende Dichtprofil am Blendholz aufgesteckt und bündig zur Plexiglasunterseite angepaßt werden. Arbeiten Sie hier sehr sorgfältig, um Ihren Wintergarten auch wirklich winddicht zu bauen.

27

29

28 Mit dem Andübeln des Dichtprofils für den Wandanschluß beenden Sie die Dacheindeckung. Versehen Sie dabei den Profilrücken vor der Wandbefestigung mit Dichtmasse und schneiden Sie außerdem die Plastikanschlußkante an den Rundungen der Verglasungsdichtbänder ein, um ein Abstehen zu verhindern.

28

30

29 Zur Verglasung der Seitenteile muß zuvor im Aufnahmefalz des Fensterrahmens ein Dichtband eingeklebt werden. Es dient als flexibler Abstandhalter zum Holz und schützt das Glas vor Bruch durch eventuell eintretende Spannkräfte. Diese Spannkräfte treten bei Holz leicht auf, es reagiert auf Kälte und Wärme, d. h. das Holz arbeitet.

30 Nach dem Einlegen der mitgelieferten Unterleghölzer im unteren Falzbereich des Rahmens können Sie die Glasscheiben einsetzen. Stellen Sie die Fensterscheibe dazu auf die Klötzchen und kippen Sie sie gegen den Rahmenfalz. Achten Sie dabei darauf, daß dies mittig zu den Seitenkanten geschieht.

31 Die inneren Halteleisten dienen zur Fixierung der Fensterscheibe. Sie werden an den Scheiben anliegend in den Rahmenfalz eingepaßt und dann mit Nägeln befestigt. Zum Schutz sollten Sie ein Holz vor das Glas halten.

Mit Silikonmasse dichten Sie dann die Paßstellen zwischen Glas und Holzleiste ab.

31

33

32

34

35

36

37

32 Zum Montieren des Doppeltürrahmens hängen Sie die Türblätter zuvor aus und passen den Rahmen dann in die vorgesehene Rahmenöffnung ein.

33 Kontrollieren Sie die Rahmenteile in allen Richtungen mit der Wasserwaage und gleichen Sie Schräglagen notfalls mit Unterleghölzern aus. Die Fixierung erfolgt über Türrahmenanker an den anliegenden Pfosten.
Weitere Stabilität erreichen Sie durch die Verankerung der Bodenschiene im Fußbodenbereich.

34 Zum Abschluß muß nun nur noch die Regenrinne montiert werden. Die Sparren sind dafür bereits mit einer Aufnahmekuhle vorbereitet. Nach dem Einpassen wird die Rinne nur noch mit Winkeln fixiert.

35 Für den Wasseraustritt schneiden Sie mit der Stichsäge ein Loch mit dem ungefähren Durchmesser des Fallrohrs an die vorher ausgemessene Stelle.

36 Die Rinnenabdeckung und den Anschlußstutzen für das

Fallrohr kleben Sie mit dem mitgelieferten Spezialkleber fest.

37 Das Fallrohr können Sie gegebenenfalls mit einem Fuchsschwanz ablängen; anschließend kleben Sie es an.

Ökotip
Schnittreste werfen Sie nicht einfach in den Müll, sondern entsorgen diese bei der entsprechenden Wertstoffsammlung. Auskünfte erteilt Ihr zuständiges Abfallamt.

Darauf können Sie bauen!

COMPACT-PRAXIS »do it yourself«

- Jeder Band mit über 200 Abbildungen und instruktiven Bildfolgen – alles in Farbe.

- Übersichtliche Symbole für Schwierigkeitsgrad, Kraftbedarf, Zeitaufwand u.v.m. – alles auf einen Blick.

- Anwenderfreundliche Komplettanleitungen für alle wichtigen Heimwerkerarbeiten – keine schmalen Einzelthemen.

- Mit besonders hervorgehobenen Sicherheits-, Profi- und Ökotipps.

Über 60 Titel lieferbar.
Bitte fordern Sie unseren Prospekt an!

DM **19,80**

Compact Verlag GmbH
Züricher Straße 29
81476 München
Telefon: 0 89/74 51 61-0
Telefax: 0 89/75 60 95
Internet: www.CompactVerlag.de

Wintergarten mit Dachterrasse bauen

Material

Noppenbahn zur Perimeterabdichtung, Fundamentbeton, Schalungsbretter, Baufolie, Baustahlgitter, Bitumenband, Betonsteine, Konstruktionshölzer, Profilbretter, Schrauben, Dübel, Nägel, Balkonzierbretter, Handlauf, Unterlegkeile, Baufolie, Dämmaterial, Teichfolie, Teichfliesbahnen, Dichtbleche, Dachrinne, Dachrinnenhalter, Klinkersteine, Quarzsand, Schlosserschrauben, Isolierglasscheiben, Terrassentür mit Türstock.

Werkzeug

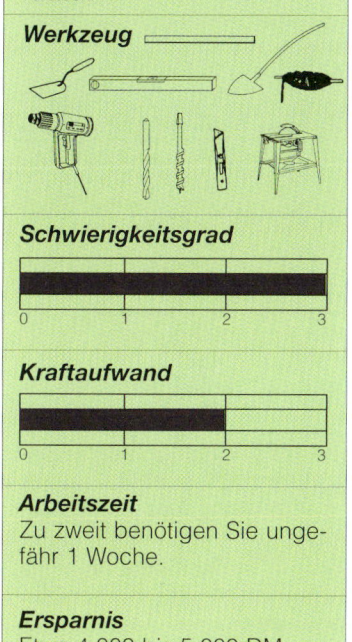

Schwierigkeitsgrad

0	1	2	3

Kraftaufwand

0	1	2	3

Arbeitszeit

Zu zweit benötigen Sie ungefähr 1 Woche.

Ersparnis

Etwa 4 000 bis 5 000 DM.

1

Ein Wintergartenanbau läßt sich häufig auch im Rahmen einer Hausmodernisierung realisieren. In diesem Beispiel gab der Innenausbau des Dachgeschosses dazu Anlaß.

Um genügend Licht in den neuen Wohnraum gelangen zu lassen, entschied sich der Bauherr, auf Dachfenster zu verzichten und statt dessen eine Dachgaube mit doppelflügeliger Terrassentür einzubauen. Gleichzeitig war damit die Idee geboren, den geplanten Wintergarten mit einer vom Dachgeschoß aus begehbaren Terrasse zu kombinieren.

1 Nachdem die Vorarbeiten im Dachbereich abgeschlossen sind, können Sie mit der eigentlichen Arbeit am Wintergarten beginnen.

Zuerst müssen Sie hierfür das Fundament errichten. Die sowieso nötigen Grabarbeiten können Sie in diesem Fall dazu nutzen, indem Sie entlang der Hausmauer eine vertikale Feuchtigkeitssperre in Form einer Noppenbahn anbringen. Dadurch schützen Sie das anliegende Mauerwerk sicher vor Bodenfeuchtigkeit. Zusätzlich dient die

2

3

Matte zur baulichen Trennung zwischen Hausmauer und Fundament für den Wintergarten.

2 Diagonal zu den beiden angrenzenden Hausflächen betonieren Sie im Bereich der späteren Pfostenreihe ein **Streifenfundament**, das mit etwa 80 bis 120 cm frostfrei gegründet ist. Berücksichtigen Sie bei der Berechnung des Höhenniveaus, daß die Oberkante des Fußbodens durch die Terrassentür festgelegt ist.

Die Stärke der Fundamentplatte, des Estrichs und des Fußbodenbelags ist als Differenz zwischen Streifenfundament- und Fertigbodenkante zu berücksichtigen. Als Niveaukontrolle dienen ein Meterriß an der Hauswand und eine entsprechend breite Richtlatte an der Schalung.

3 Nach dem Aushärten des Streifenfundaments können Sie die Schalung entfernen. Nun füllen Sie den Boden im Bereich der Fundamentplatte mit einer Schicht aus Kies auf und verdichten sie mit einer Rüttelplatte. Als Kantenschutz für das Streifenfundament können wäh-

rend der Verdichtungsarbeit Schalbretter dienen.

4 Eine Baufolie schützt vor aufsteigender Bodenfeuchtigkeit. Darauf verlegen Sie das Baustahlgitter zur Armierung der Bodenplatte.

5 Nun können Sie den Beton einfüllen und ihn möglichst gleichmäßig verteilen.

6 Die Oberfläche glätten Sie mit einer Richtlatte. Nun ist erst einmal eine einwöchige Arbeitspause einzuhalten, damit der Beton genügend Zeit zum Aushärten hat. Bei sommerlich hohen Temperaturen und direkter Sonneneinstrahlung halten Sie die Betonoberfläche durch Besprühen mit Wasser feucht.

7 Nachdem die Bodenplatte ausgehärtet ist, können Sie mit dem Mauern des Wandsockels beginnen. Dazu rollen Sie zuerst ein Bitumenband, das in seiner Breite der Steinstärke entspricht, auf der Fundamentplatte aus. Es dient als Sperre gegen aufsteigende Feuchtigkeit und hält damit den Mauerbereich zuverlässig trocken.

4

5

6

Nun können Sie den ersten Mauerstein in das zuvor mit der Kelle ausgestrichene Mörtelbett legen. Am sinnvollsten wählen Sie als Position für diesen ersten Stein die Maueröffnung, an der sich später die Terrassentür für den Gartenausgang anschließt.

Damit haben Sie gleichzeitig auch einen Fixpunkt, von dem aus Sie mit einer Richtschnur die Fluchtlinie der Wandaußenseite zum Wandanschluß am Wohnhaus herstellen können. Arbeiten Sie beim Ausrichten des ersten

Mauersteins mit größter Sorgfalt, da von seiner korrekten Lage die Maßhaltigkeit des übrigen Mauerwerks abhängt. Überprüfen und korrigieren Sie deshalb die Waagrechte der Steinoberkante, um einen Treppeneffekt zu verhindern. Mit dem Lot testen Sie die Senkrechte der Mauer aus.

8 Ist der Eckstein gesetzt, können Sie auf die Bitumenbahn das weitere Mörtelbett aufbringen und die übrigen Betonsteine paßgenau Kante an Kante anein-

andersetzen. Füllen Sie dann die Steintaschen an den Anschlußfugen mit Mörtel aus. Bringen Sie die nächste Mörtelschicht auf und verfahren Sie in gleicher Weise mit der zweiten Steinreihe.

Profitip
Entfernen Sie überquellenden Mörtel am besten gleich mit der Kelle. Ist er erst einmal ausgehärtet, kann dies nur noch mit unverhältnismäßig hohem Arbeitsaufwand geschehen.

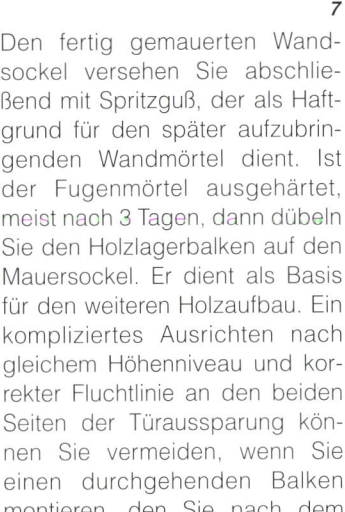

7

8

9

Den fertig gemauerten Wandsockel versehen Sie abschließend mit Spritzguß, der als Haftgrund für den später aufzubringenden Wandmörtel dient. Ist der Fugenmörtel ausgehärtet, meist nach 3 Tagen, dann dübeln Sie den Holzlagerbalken auf den Mauersockel. Er dient als Basis für den weiteren Holzaufbau. Ein kompliziertes Ausrichten nach gleichem Höhenniveau und korrekter Fluchtlinie an den beiden Seiten der Türaussparung können Sie vermeiden, wenn Sie einen durchgehenden Balken montieren, den Sie nach dem

Festdübeln im Bereich der Tür einfach durchtrennen.

Profitip
Achten Sie vor der endgültigen Fixierung darauf, daß der Balken exakt waagrecht liegt. Wenn nicht, gleichen Sie ihn mit Unterlegkeilen aus.

9 Als Auflager für die Deckenbalken dienen Querträger, die Sie an die Hauswand dübeln. Zur Einjustierung können Bauspreizen als vorübergehende Halteeinrichtung sehr nützlich sein.

10 Zur Aufnahme des oberen Frontbalkens befestigen Sie zuerst die Tragepfosten mit Holzlaschen am unteren Holzlagerbalken. Erst dann legen Sie den oberen Frontbalken auf und fixieren ihn ebenfalls mit Holzlaschen.
Kontrollieren Sie bei diesen Arbeiten immer wieder die Lothaltigkeit und den exakten Abstand der Pfosten. Beides ist Voraussetzung für das spätere paßgenaue Einsetzen der Verglasung. Im nächsten Schritt können Sie gleich die weiteren Deckenbalken auflegen.

11 Die Fixierung an den Aufla-
gern kann mit entsprechend lan-
gen Nägeln oder Schrauben erfolgen. In beiden Fällen müssen
Sie vorbohren.

12 Bei größeren Balkenlängen
sind Unterzüge notwendig, die
die Last aufnehmen und verteilen. Sie erhöhen die Tragfähigkeit
der Balken und gewährleisten
die statische Sicherheit, besonders im Hinblick auf die gleichzeitige Nutzung als Dachterrasse.

13 Ist die für die Statik des Wintergartens notwendige Balkenkonstruktion erstellt, können Sie
mit den Verkleidungsarbeiten beginnen. Dazu wird zuerst der
Terrassenboden verschalt. Da
dieser zugleich als Sichtdecke
im Wintergartenbereich dient,
benutzen Sie Profilbretter, die Sie
mit der Sichtseite nach unten verlegen. Legen Sie dazu Brett für
Brett einfach auf die Oberkante
der Balkenkonstruktion. Anschließend fixieren Sie sie jeweils
mit Nägeln in der Mitte des
darunterliegenden Balkens. Die
Überstände längen Sie zum
Schluß mit der Kreissäge ab. Um
sicher arbeiten zu können,

10

11

12

13

14

15

16

schaffen Sie sich mit Bauschalbrettern eine entsprechende Plattform.

14 Die fertig verlegte Schalungsfläche legen Sie mit einer Baufolie aus. Diese dient als Dampfsperre. Sie hält aufsteigende Raumfeuchtigkeit aus dem Wintergartenbereich von der darüberliegenden Dämmschicht ab. Arbeiten Sie hier sehr sorgfältig, denn undichte Stellen können zu einer Durchfeuchtung des Dämmaterials führen, wodurch dieses seine Dämmeigenschaft verliert. Am günstigsten wählen Sie eine Folienbreite, die die gesamte Fläche überdeckt. Ist dies nicht möglich, müssen Sie dafür sorgen, daß die Folie an den Stoßkanten mindestens 20 cm überlappt und zu verkleben ist.

15 Um einen Bereich für die Aufnahme des Dämmaterials zu erhalten, verlegen Sie nun Lagerhölzer.
Da die Dämmschicht ausreichend dick sein soll, geschieht dies in zwei Lagen, die zur zusätzlichen Stabilität überkreuzt montiert werden. Nach dem Aufnageln schneiden Sie die Überstände mit der Säge ab.

16 Die Kammern können Sie nun mit einer Dämmschüttung füllen. In diesem Fall werden Styropor-Chips verwendet. Nachdem Sie die Dämmkammern mit Styropor gefüllt haben, versehen Sie diese mit einer Holzverschalung.

17 Vor dem Ausrollen der Teich-folie, die als Regenhaut des Terrassenbodens dient, müssen noch Teichfliesbahnen verlegt werden. Sie schützen die darüberliegende Folie vor Verletzungen durch die Holzverschalung, die Undichtigkeiten zur Folge haben könnten.

18 Schneiden Sie die Teichfolie an der Front- und den Hausanschlußkanten mit genügend Überstand ab. Er dient später für den sicheren Wasserablauf in die Dachrinne, außerdem, um die Dichtbleche im Wandbereich anzubringen.

19 Nachdem die Oberseite der Regenschutzfolie mit Teichvlies-bahnen geschützt ist, können Sie die Klinkersteine für den Fußbodenbelag verlegen. Dies erfolgt im schleppenden Verband und ohne zusätzlichen Fugenabstand. Legen Sie die Steine zuerst in der Fläche aus und schneiden Sie dann erst die Anschlüsse zu den Hauswänden und der Brüstung. Zu einem späteren Zeitpunkt können Sie dann mit Quarzsand feinster Körnung eventuelle Fugenspalten ausfüllen. Wenn Sie den Sand zusätzlich noch trocken mit Beton mischen, härtet die Fuge allein durch die Außenfeuchtigkeit mit der Zeit aus und wird dadurch auch noch wasserundurchlässig.

20 Damit kein Wasser in die Dämmung eindringen kann, muß die Folie fest mit den anschlie-ßenden Hauswänden verbunden werden. Befestigen Sie dazu die aufgestellten Folienränder mit verzinkten Blech- oder Kupfer-streifen. Ein selbstklebendes Dichtband zwischen Folie und Wand erhöht die Dichtsicherheit.

21 An der Frontseite des Win-tergartens können Sie nun die Dachrinne anbringen. Befestigen Sie dazu die Dachrinnenhalter an der Frontseite des Dämmbe-reichs. Für das Dachrinnenge-fälle gilt als Faustregel: Für je 1 m Dachrinnenlänge ist ein Gefälle von 0,5 cm nötig. Wasserwaage, Richtlatte und Schnur erleichtern

17

18

Arbeitsanleitung: Wintergarten mit Dachterrasse

19

22

20

23

21

24

Ihnen die Justier- und Montagearbeiten.

22 Nach dem Einhaken der Dachrinne schneiden Sie die Regenfolie so zu, daß sie in die Dachrinne überlappt. So kann das Regenwasser sicher ablaufen.

23 Jetzt können Sie das Geländer für die Dachterrasse montieren. Als Pfosten bieten sich gehobelte Kanthölzer an, die Sie mit jeweils zwei Schlosserschrauben befestigen. Ähnlich wie beim Zaunbau montieren Sie zwei Holzlatten als Querstreben an den Pfosten. Sie dienen zur Aufnahme der Zierbretter. Ein Deckbrett dient als oberer Abschluß und später als Handlauf.

24 Als Verkleidung befestigen Sie jetzt an der Außenseite der Haltekonstruktion die Zierbretter. Hierfür eignen sich selbst gehobelte Dachlatten oder vorgefertigte Zierblenden, z. B. in Baumärkten erhältlich, in den unterschiedlichsten Formen. Bei der Montage erleichtert ein Abstandsholz die Arbeit und gewährleistet den gleichmäßigen Abstand zwischen den Blendenhölzern. Voraussetzung ist natürlich, daß Sie das erste Blendholz exakt im Lot montieren, da sich sonst Abweichungen über die ganze Frontseite fortsetzen. Sicherheitshalber sollten Sie während der Arbeit immer wieder mit der Wasserwaage die Lothaltigkeit überprüfen und auch den optischen Gesamteindruck kontrollieren.

25 Sind die Arbeiten im Terrassenbereich abgeschlossen, kann der Wintergarten vervollständigt werden.

Zum Innenausbau müssen der Boden verlegt und zuvor eventuell noch die Wände verputzt oder mit Holz verkleidet werden. Als Fußboden eignen sich dunkle Bodenfliesen oder Steine, da sie besonders gut die eingestrahlte Wärme speichern. Sollten geschmackliche Gründe gegen dieses Material sprechen, können Sie selbstverständlich auch jede andere Art von Fußbodenbelag wählen. Achten Sie bei Holz aber unbedingt darauf, daß das Material wirklich trocken ist, sonst schrumpft es und sogenannte Trockenfugen bilden sich aus.

25

Vor dem Innenausbau sollten Sie möglichst noch die Außenverglasung durchführen. Wenn Sie Isolierglasscheiben beim Glaser kaufen, setzt dieser die Scheiben meist auch gleich gegen geringen Montageaufpreis ein. Dies hat im Gegensatz zur Eigenleistung den Vorteil, daß Sie Anspruch auf Gewährleistung haben, was auch für die Terrassentür gilt.

Wollen Sie sicher gehen, daß überlaufendes Wasser aus der Dachrinne nicht in den Dachaufbau eindringt oder die Fensterscheiben hinabläuft, sollten Sie den Bereich zwischen Dachrinne und Fensteroberkante mit einem Deckblech verkleiden. Eine Tropfnase an der Unterkante leitet dabei das Wasser zuverlässig von den Scheibenflächen weg.

Ein Gewächshaus mit alten Fenstern errichten

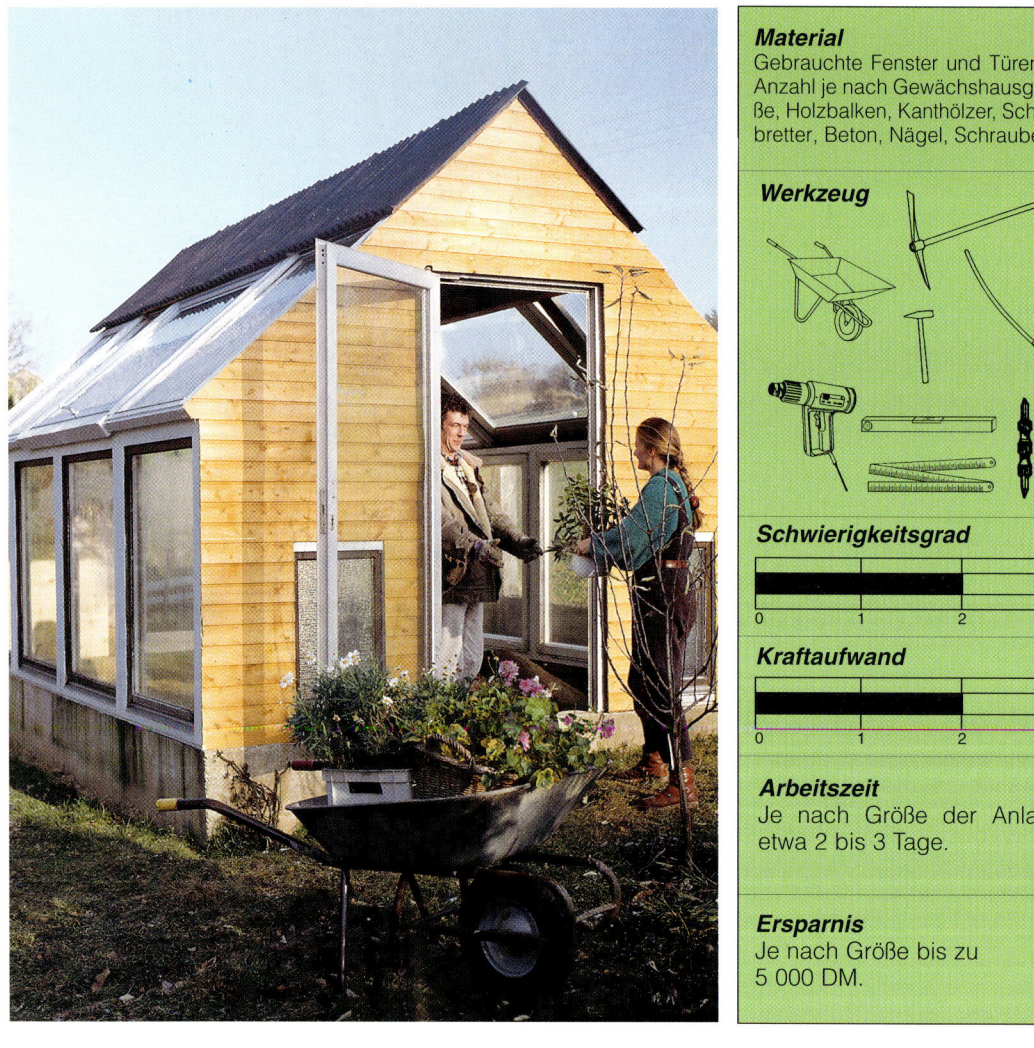

Material
Gebrauchte Fenster und Türen –
Anzahl je nach Gewächshausgrö-
ße, Holzbalken, Kanthölzer, Schalbretter, Beton, Nägel, Schrauben.

Werkzeug

Schwierigkeitsgrad

0	1	2	3

Kraftaufwand

0	1	2	3

Arbeitszeit
Je nach Größe der Anlage
etwa 2 bis 3 Tage.

Ersparnis
Je nach Größe bis zu
5 000 DM.

Industriell gefertigte Gewächshäuser gibt es heute zwar in den ansprechendsten Formen und auch unterschiedlichsten Größen zu kaufen; besonders umfangreichere Bauten bewegen sich dabei aber in Preisregionen, die für den Hobbygärtner oftmals unerschwinglich sind.

1 Eine preiswerte Alternative bietet Ihnen in diesem Fall der Bau eines Gewächshauses aus alten Fenstern. Einkausquellen für diese Altmaterialien können unterschiedlichster Art sein; sie aufzuspüren bedarf manchmal durchaus eines ausgeprägten Durchhaltevermögens – letzlich lohnt die deutliche Materialkostenersparnis aber die Mühe. Eine gute Möglichkeit, Hinweise darauf zu erhalten, wo kostenlos alte Fenster aus Abbruchhäusern zu bekommen sind, bieten einschlägige Anzeigen in Tageszeitungen oder in speziellen Blättern. Eine weitere mögliche Quelle sind auch auf Altbausanierung spezialisierte Baufirmen oder Verglasungsfirmen. Fragen Sie ruhig auch einmal bei Wertstoffhöfen oder vielleicht kennt jemand in Ihrem Bekanntschaftskreis ein Haus, das bald abge-

1

rissen werden soll. Achten Sie beim Materialsammeln darauf, daß Sie die Fenster zusammen mit dem Fensterstock erhalten, dies erspart Ihnen erhebliche Arbeit beim späteren Ausbau. Außerdem sollten Sie natürlich auch schon eine grundsätzliche Vorstellung von der Größe Ihres geplanten Wintergartens besitzen.

2 Ist Ihr Material komplett, messen Sie die Fenster aus und fertigen – z. B. im Maßstab 1:10 – Modellkärtchen an. In einer Art Puzzle müssen Sie jetzt versuchen, die geeignetste Zusam-

2

3

4   5

menstellung der unterschiedlichen Fenstermaße zu erreichen.

3 Steht der Aufbau fest, können Sie die notwendigen Baumaße errechnen und mit den Bauarbeiten beginnen. Zuerst muß ein tragfähiges Fundament errichtet werden. Heben Sie dazu einen etwa 80 bis 120 cm tiefen und ungefähr 50 cm breiten Graben aus, den Sie anschließend mit Schalbrettern ausschachten.

4 Achten Sie dabei darauf, daß die Schachtwände senkrecht stehen und einen Innenabstand – also die spätere Fundamentbreite – von mindenstens 30 cm aufweisen. Seiten- und Querstützen stabilisieren die Verschalung.

5 Nun können Sie den Beton einfüllen. Dies sollte in Schichten geschehen, die immer wieder ordentlich verdichtet werden. Ein Kantholz leistet hier gute Dienste. Um eine sichere Stabilität zu erreichen, sollten die Arbeiten in einem Zug bis zum Ende durchgezogen werden.

6 Ist das Betonfundament ausgehärtet, können Sie die Schalung entfernen und mit dem Holzaufbau beginnen.

7 Die zentralen Konstruktionselemente bilden die beiden Türen an den Giebelwandseiten. Nachdem Sie das Türblatt vorübergehend ausgehängt haben, können Sie an den Längsseiten der Türzargen die Stützpfosten verschrauben.

8 Die mit den Stützpfosten bewehrten Türzargen werden dann an der vorgesehenen Position auf dem Streifenfundament plazierten und mit Längsbalken verbunden. Die Balkenteile werden mit Eisenwinkeln zusammengesetzt, die Sie mit selbsteindrehenden Schrauben fixieren. Achten Sie dabei besonders darauf, daß die Türelemente nach allen Seiten im Lot sind, um eine sichere Funktion der Türen zu gewährleisten.
Während der Montagearbeiten dienen schräg angesetzte Stützbalken als Sicherung und Justierhilfe. Ist die Konstruktion fixiert, können sie wieder entfernt werden.

9 Im nächsten Arbeitsschritt werden die Fensterstöcke, die

6

7

8

9

10

die Seitenwände bilden, miteinander verschraubt und nach dem Einjustieren mit Dübeln im Fundament verankert.

10 Danach können Sie die Dachflächenfenster befestigen. Die Fixierung erfolgt im unteren Bereich in den Rahmen der Seitenwandfensterstöcke, im oberen Bereich an den Längsträgern. Achten Sie darauf, die Unterkante der Dachflächenfenster mit etwas Überstand zu positionieren; damit erhalten Sie automatisch eine Art Traufkante, so daß Regenwasser abtropfen kann, ohne über die darunter liegenden Fensterscheiben abzulaufen.

Nun können Sie den Firstbereich aufbauen. Dies können Sie durch Kanthölzer bewerkstelligen, die Sie in der Fluchtlinie der Dachschräge fortführen und im Giebel mit Holzlaschen befestigen. Um die Stabilität zu erhöhen, werden sie zusätzlich durch senkrechte Kanthölzer an den Längsträgern fixiert.

Anschließend können Sie den fensterlosen Giebeldachbereich mit Holzbrettern verschalen.

Wo finde ich was?

Abbildungsverzeichnis

Die nachstehend genannten Personen und Firmen haben Bildmaterial zur Verfügung gestellt. Wir möchten ihnen für die freundliche Unterstützung danken.

GKT – Klaus Brusius

Gewerbegebiet
35649 Oberweidbach:
S. 13–15

Peter Himmelhuber

Universitätsstraße 98a
93053 Regensburg:
S. 4, 5 (re. o.), 24, 25, 36 (o., re. u.), 54–59, 80–89, 90–94

Wolfgang Redeleit

Meisenweg 15
29553 Bienenbüttel:
S. 60–65

Röhm GmbH

Kirschenallee
64293 Darmstadt:
S. 20, 28, 49, 50

SCHOCK Bauelemente GmbH

Postfach 1540
73605 Schorndorf:
S. 26, 27

SCHÜCO INTERNATIONAL KG

Karolinenstraße 1–15
33609 Bielefeld:
S. 9, 11, 16, 18, 19

Selbst ist der Mann/Das Heimwerker-Magazin

Industriestraße 16
50735 Köln:
S. 5 (li. u.), 17, 66–78

Sunshine Wintergarten GmbH

Boschstraße 1
26721 Emden:
S. 8, 12, 19, 31 (o., u.), 32, 33, 34, 35, 53

Vollmer KG

Postfach 1747
91407 Neustadt:
S. 22

WeberHaus

Postfach 1126
77863 Rheinau-Linx:
S. 6, 7

Alle übrigen Fotos stammen aus dem Archiv des Autors.